人性的弱点

［美］卡耐基◎著
林凯◎编译

HOW TO WIN FRIENDS
AND INFLUENCE PEOPLE

中国商业出版社

图书在版编目（CIP）数据

人性的弱点 /（美）卡耐基著；林凯编译．—北京：中国商业出版社，2014.9

ISBN 978-7-5044-8732-2

Ⅰ．①人…　Ⅱ．①卡…　②林…　Ⅲ．①心理交往－通俗读物

Ⅳ．① C912.1-49

中国版本图书馆 CIP 数据核字（2014）第 210286 号

责任编辑：朱丽丽

中国商业出版社出版发行

010-63180647　www.c-cbook.com

（100053　北京广安门内报国寺 1 号）

新华书店总店北京发行所经销

三河市龙大印装有限公司印刷

*

710×1000 毫米　16 开　14 印张　200 千字

2015 年 3 月第 1 版　2015 年 3 月第 1 次印刷

定价：32.00 元

*　*　*　*

（如有印装质量问题可更换）

自序 Preface

35 年来，美国出版商出版了 20 多万部各种不同的书，其中大部分是枯燥乏味的，许多在经济上是亏本的。甚至有一家堪称世界上第一流的出版公司，拥有 75 年的出版经验，纵使这样每出版八本书，依旧有七本书是亏本的。

那么我又如何还敢冒险，再写这本书呢？而且在我写好后，您又为什么要费时去读它呢？是的，这两个都是很值得重视的问题。

芝加哥大学和青年会联合学校曾举行过一次调查，确定成人究竟要研究些什么！进行这项调查的委员会，决定替梅立顿的成年人举办一种这样的课程。他们努力寻求有关这个内容的一本实用书籍，可是无法找到。最后，他们去见一位世界著名的成人权威教育家，问他是否有合乎这些成年人所需要的书。"不，"那位教育家回答，"我虽然知道那些成人需要些什么，可是他们所需要的这类书，却从未有人写过。"

我自己也已经花了很多年时间，在寻求一本实用有效、关于人与人之间关系的书籍。

由于很多人希望有这样的书，我才尝试写了一本，就是这本书——是为我的讲习班所写的，希望你也会喜欢它。

我为了准备撰写这本书，曾经读过所有我能找到，有关这个题意的资料。同时，我还雇用一位受过训练的人去研究、探索。他费了一年半的时间，在各图书馆中阅读我所遗漏了的资料，探究各种心理学的专集，浏览多种杂志文章，探索无数的伟人传记，要找出各时代大人物对人是如何应对的。我们读过各时代的伟人传记，读过那些领袖人物的生平记事，从凯撒到爱迪生。有关罗斯福的传记，我就收集了一百多本。我们决定不惜任何时间、金钱，都要找出自古以来，任何人所已用过的，关于交友和影响他人的切实的意见。

我曾经亲自访问过世界著名的成功人物，尽量从他们身上找出他们在人与人关系上所运用的方法。

这本书并不是一般写作情形下所完成的，而是像孩子那样成长起来的。它在实验室中生长发育，是从数千成年人的经验中产生的。

许多年前，我们把一套规则，印在比明信片小的一张卡片上。到了下一季时，我们印在一张比过去较大的卡片上。然后是印一本小册子，再后是一套小书。每次的尺寸、范围，都加以扩大、充实，直到目前，经过十五年的试验和研究，才出现了这本书。

我们这里所定的规则，不只是理论，或是揣测，而且效力神奇。听起来似乎无法采信，可是这些定例、原则的应用，确实改变了不少人的生活、习惯。

哈佛大学教授威利姆·贾姆士曾这样说过："如果跟我们应有的成就做个比较，我们只是朦胧半醒着，我们只是利用了身心一小部分的能源。我们在极限之内，尚有更多的能源，可是习惯地不加以利用。"

潜伏在你身心内，那些你习惯地不加以利用的能源，这部书惟一的目的，就是帮助你发现它、挖掘它、利用它——它是你孕育在身心中，尚未利用的财富！

——戴尔·卡耐基

目录 Contents

第一辑 谁都不是天生的讨厌鬼

第二辑 有效说服他人争取更多认同

第三辑 控制忧虑让烦躁远离自己

第四辑 每个人都可以过得快乐

第五辑 让高效工作成为一种习惯

第六辑 我们所缺少的成功素养

第七辑　懂婚姻的人越过越美满

第一辑

谁都不是天生的讨厌鬼

chapter 1

引语

1909年，我是纽约市里运气最不好的屌丝青年：销售卡车是我赖以生存的惟一工作，可遗憾的是，我一点儿都不了解卡车。这还不是最要紧的，因为更可怕的是，我一点儿都不想了解。我看不起我的工作，我厌恶住在西56街廉价且到处是蟑螂的房间里。到今天我还记得，我在墙上挂着几条领带，有一天早上，我伸手过去拉下一条领带时，惊起四散流窜的蟑螂。我更受不了每天在肮脏便宜、大概也满是蟑螂的小餐厅内进食。

我每天带着头痛回到空洞的房间，这头痛完全是因为失望、烦恼和不平而引起的。我最感不平的是我小时候的美梦竟成了今天的噩梦。难道这就是人生？这就是我日夜企盼的冒险生涯？我的人生意义在哪里！一份我轻视的工作，与老鼠和蟑螂为伍，吃廉价食物，对未来不抱希望？不！我向往从事大学时代就梦想的写作工作。

其实，我知道放弃这份令我深恶痛绝的工作是毫无损失的。我并不想赚很多钱，我只想好好享受人生。简单地说，我已到了年轻人开始创业时必须做决定的一刻。于是我做了决定——一个彻底改变我一生的决定。它使我后来的人生超出想象的快乐、有价值。

我决定放弃这份讨厌的工作，既然我在密苏里瓦伦堡州立师范学院学了四年教育，我决定到夜校教成人班。白天的时间我可以阅读、准备演讲、写小说及短篇故事。我决定要“为生活而写作，为写作而生活”。

应该教这些读夜校的成人什么呢？我回顾自己在大学所受的训练，发现对我工作及生活最有实用价值的，是在公众演讲方面的训练，于是我向哥伦比亚大学以及纽约大学申请夜校公众演说的授课职位，可是这两家大学都不需要我的协助。

当时我很失望——不过现在我是多么感谢上帝他们没有录用我，因为我后来到基督教青年会夜校授课，而那是需要立竿见影的地方。那可真是个挑战，这些学员可不是为了大学学分或社会地位来上课，他们只为一个原因而来，这个原因是，希望解决问题。他们希望，能在开会时站起来说几句话，不致因恐惧而晕倒。推销员希望能有勇气拜访难缠的客户，他们希望改善业绩，希望为家庭多赚点儿钱。而且他们的学费是以分期付款的方式支付——一旦无效，他们即可止付——我领的也不是薪水，而是分红，为了糊口，我不得不脚踏实地。

我当时觉得情况很不利，现在我才看出那是一种宝贵的训练。

我必须激励学员，必须帮他们解决问题，我必须让他们在每一讲中得到具体的收获，他们才会继续来上课。

说实话，那真是份有意思的工作，我热爱它！看到这些社会人士这么快建立自信、得到晋升和加薪，实在令我很意外。这些班的成功远超过我最乐观的估计。本来以为青年会不愿支付每晚 5 美元的薪水，三季之后，却支付每晚 30 美元。刚开始，我只教公众演说，但有了几年经验，我看出这些人也需要赢得友谊与影响他人的能力。但找不到有关人际关系的著作，我决定自己动手。不过这堂课与众不同的地方在于，它是由这些学员的经验凝聚而成的。

他们从日益增长的自信和热忱中，得到生活的力量，增进了沟通意见的能力，学会了做人处世的技巧。在业务上、在社交上、在私人生活中，都享受着更好的人际关系，获得更大的成功和幸福。在这些真实的教材的影响下，相信更多的人会改进人际关系，提高生活素质。

我们要学会自我批评

我的档案柜中有一个私人档案夹，标示着 FTD，意思是“Fool Things I Have Done”——愚事录，文案夹中放着一些我做过的荒唐事的文字记录。我有时口述给我的秘书做记录，但有时这些事是非常私密的，而且愚蠢到我没有脸请我的秘书做记录，因此只好自己偷偷写下来。

每次我拿出这个档案，重看一遍我对自己的批评，都可以帮助我处理最难的问题。

我曾经也会把自己的麻烦怪罪到别人身上，不过随着年龄增长——也可能是长了一点儿智慧——我最后发现应该怪的人只有自己。很多人随着年纪的增长都会认清这一点。拿破仑被放逐到圣赫勒拿岛时说：“我的失败完全是自己的责任，不能怪罪任何人。我最大的敌人其实是我自己，这也是造成我的悲惨命运的主要原因。”

1944 年 7 月 31 日，深谙自我管理艺术的豪威尔在纽约市大使酒店突然身亡的消息震惊了所有人，因为他是美国财经界的领袖。他曾担任美国商业信托银行董事长，并兼任几家大公司的顾问。他受的正式教育很有限，他在一个乡下小店做过店员，后来做过美国钢铁公司信用部经理，前景大好。

我曾向豪威尔先生请教成功的秘诀，他告诉我说，几年来他一直用一个记事本记录自己的生活，以此作为自我批评的依据。他的家人从不指望他周末晚上会在家，因为他们知道，他常把周末晚上留作自我反省，评判他这一周的工作表现。一般晚餐后，他自己一人打开记事本，回顾一周内的所作所为。问问自己“当时做错了什么？”“有什么是正确的？我还能做什么来改进自己的工作表现？我能从这次经验中吸取什么教训？”这种每周检讨有时会弄得他很不开心，有时他几乎不敢相信自己的莽撞。当然，年事渐长，这种情况倒是越来越少。他到现在仍保持着这种自我分析的习惯，这对他的帮助非常大。

据说，豪威尔这个做法可能是从富兰克林那里学来的，不过富兰克林并不等到周末才进行自我检查，而是每晚都自我反省。富兰克林在自我批评的过程中发现过13项严重的错误，堪称是网罗了大部分人都有的弱点，其中三项是：浪费时间、担心琐事及与人争论。睿智的富兰克林后来说，自己要是不改正这些缺点，一定成不了大业的。这也让我明白，富兰克林为什么会成为受人爱戴、极具影响力的人物。

哈伯特说过：“每个人一天起码有五分钟不够聪明，智慧似乎也有无力感。”一般人常因他人的批评而愤怒，有智慧的人却想办法从中学习。诗人惠特曼曾说：“你以为只能从喜欢你、仰慕你、赞同你的人身上学习吗？从反对你的人、批评你的人那儿，不是可以学到更大的教训吗？”

与其等待对手来攻击自己，倒不如自己动手修正弱点，让对手无从下手。我们可以是自己最严格的批评家，在别人抓到我们的弱点前，我们应该自己认清并处理这些弱点。

修正自己的弱点是需要莫大的勇气的。比如如果有人骂你愚蠢不堪，你会如何对待呢？我们来看看林肯如何处理。林肯的军务部长爱德华·史丹顿就曾经这样骂过总统，史丹顿是因为林肯的干扰而生气。为了取悦一些自私自利的政客，林肯签署了一次调动兵团的命令。史丹顿不但拒绝执行林肯的命令，而且还指责林肯签署这项命令是愚不可及。

有人告诉林肯这件事，林肯平静地回答：“史丹顿如果骂我愚蠢，我多半真的是蠢，因为他几乎总是对的，我会亲自去跟他谈一谈。”林肯真的去见了史丹顿。史丹顿说服他这项命令是错误的，林肯就此收回成命。林肯很有接受批评的雅量，只要他相信对方是真诚的、有意帮忙的。

我认识一位香皂推销员，甚至主动要求人家给他批评。当他开始推销香皂时，订单接得很少，他担心会失业，但他确信产品或价格没有问题，所以问题一定是出在他自己身上。每当推销失败，他会在街上走一走想想什么地方做得不对——是表达得不够有说服力？还是热忱不足？有时他会折回去，问那位商家："我不是回来卖给你香皂的，我希望能得到你的意见与指正。请你告诉我，我刚才什么地方做错了？你的经验比我丰富，事业又成功。请给我一点儿指正，直言无妨，请不必保留。"他这个态度为他赢得了许多友谊，以及珍贵的忠告。这位香皂推销员后来升任了高露洁公司总裁，他就是立特先生。

所以说，每个人都应该欢迎这样的批评，因为我们不可能永远都是正确的。连罗斯福总统也只敢期望自己能在四次里面有三次是正确的。当今最伟大的科学家爱因斯坦，也曾坦率地承认他的结论 99%都是错误的。

让我们放聪明点儿，也更谦虚一点儿，当你因恶意的攻击而怒火中烧时，先告诉自己："等一下，我本来就不完美，连爱因斯坦都承认自己 99%都是错误的，也许我起码也有 80%的时候是不正确的。这个批评可能来得正是时候，如果真是这样，我应该感谢它，并设法从中获益。"

站在对方的立场看问题

做错了事情却又不肯承认，这是人性的弱点。当你遇见这样的人犯错时，责备是无济于事的，甚至会起到相反的作用。只有试着去了解他，站在他的立场上去看问题，才是最聪明的做法。

山姆·道格拉斯曾经常抱怨太太把过多的时间都用在修理草坪上。

原来，他太太一周至少去草坪上拔草两次，施肥和剪草。而道格拉斯却认为草坪和四年前刚搬来时一样，并未变好。当他把这话说给太太听时，他的太太感觉自己出力不讨好——山姆·道格拉斯的埋怨自然就破坏了他们的夫妻感情，让夫妻关系很紧张。

后来道格拉斯参加了我们的交际培训班，在培训中他认识到了自己的愚蠢。他开始从太太的角度考虑：她确实喜欢草坪，是因为她从中找到了生活的乐趣。萝卜青菜，各有所爱。于是道格拉斯决心改变自己。

一天晚饭后，他的太太又去修理草坪，道格拉斯也跟了出去，帮助太太一起锄草、施肥，他们边干活，边愉快地谈话，太太非常高兴。

从此他经常帮助太太修理草坪，并称赞她干得好，草坪比以前好看多了。于是，夫妻间的感情日益加深。

肯尼迪·古迪的《怎样让人们变成黄金》一书中有这样一段发人深省的话："停下来，用数秒钟的时间比较一下，你是如何关心自己的事情和他人的事情的，然后你就会理解，别人也和你一样。而你一旦掌握了这个诀窍，就会像罗斯福和林肯一样，拥有了做任何事的坚实基础。换言之，和别人相处的关系怎样，完全取决于你在多大程度上替别人着想了。"

无独有偶，古拉得·力伊帕也和古迪有相同的观点。他在《进入别人的内心世界》一书中，也有类似的一段话："把别人的感觉和观念与自己的感觉和观念置于相同的位置，并把它表现出来，这样谈话的气氛就会融洽。当你在听别人谈话时，要根据对方的意思来准备自己将要说的话，那样，由于你已理解和认同了对方的观点，对方也就会理解和认同你的观点。"

多年来，我有这样一个习惯：常到离家不远的公园中散步。我非常喜欢那里的橡树，所以每当看到公园里一些树被烧掉或砍伐时就十分痛心。这些火差不多都是由到园中野炊的孩子们造成的。有时火势很凶，必须叫来消防队才能扑灭。

公园的门口有一块牌子，警告人们不要在公园玩火，违者罚款。但由于牌子在角落里，很少有人看见它。公园里有警察巡逻，但他对自己的工作不太认真，火灾仍然时常发生。

有一次我又看到公园失火，就急忙跑去告诉警察快叫消防队，可没想到他却说那不是他的事。我非常失望，于是以后我再到公园里散步的时候，就担负起了保护公园的义务。当我看见树下起火时就非常不高兴，经常急着做正义的事情却做错了事，最初，我警告那些小孩子，引火可能被拘禁，我用权威的口气命令他们把火扑灭。如果他们拒绝，我就会恫吓他们，要将他们交给警察。就这样，我只是按照自己的想法去做，只是在发泄自己的情感，全然没有考虑孩子们的感受。

结果，那些孩子怀着一种反感的情绪暂时遵从了。在我转过身去的时候，他们又重新生起了火堆，并恨不得把整个公园烧尽。

随着时间的推移，我逐渐懂得了与人相处的道理，知道了怎样使用技巧，并更懂得从别人的角度来看待问题。于是我不再发布命令，甚至恐吓。而是说："孩子们，玩得高兴吗？你们在做什么晚餐？我小时候，也很喜欢生火，直到现在我仍然很喜欢，但你们知道在公园里生火是很危险的吗？我知道你们几个会很小心，但别的孩子就不一样了。他们来了也会学着你们生火，回家的时候却又不把火扑灭，这样就会烧掉公园里的所有树木。如果我们再不谨慎的话，我们就不会再看到这里的树木了。因为在这里生火，还有可能被抓起来。我不干涉你们的兴致，我很愿意看到你们开开心心的，但我想请你们在离开时，把火用土埋起来，并把火堆旁边的干枯树叶拨开，好吗？你们下次来公园玩时，可不可以到山丘的那一边，就在那沙坑里生火，那样就不会有任何危险了。多谢了，孩子们，祝你们玩得快乐。"

这样的说法，产生的效果可好多了！孩子们听了之后都非常听话，而且很愿意接受和合作。他们没有被强制服从命令。我们双方感觉都很好，因为我在处理这件事时，完全是从他们的角度出发考虑的。

当一个人面对严重的难题时，如果他能够从别人的角度来看待事情，那么就可以缓解压力，解决问题。

伊丽莎白·洛亚科用分期付款的方式买了一台车。由于种种原因，她已有六周没有按合同付款了。一个星期五的上午，负责洛亚科买车付款账户的一名男子在电话中愤怒地告诉她，如果下周一上午不把钱交上的话，他们将采取进一步的行动。刚好是周末，洛亚科没有筹到钱。于是这名男子星期一在给洛亚科的电话里说了更多难听的话。当时洛亚科没有发火，而是从他的角度出发考虑这件事。洛亚科先是真诚地道歉，说真是给他带来了很大的麻烦，而且因为自己已经六周未付款，一定是他客户中最让他头疼的。他听了洛亚科这番话后，改变了态度，说洛亚科并不是最让他烦心的，并且还举了几个例子来说明。说有的客户经常撒谎，有心躲着不见，还有的非常不讲理。洛亚科没有说话，只是静静地听，让他把心中的不快都说出来。最后，还没等洛亚科提什么要求，他就主动说如果洛亚科不能马上交还拖欠的钱，也没关系。只要洛亚科在本月底先付给他 20 美元，然后在她方便的时候再把其余的钱交给他就可以了。

哈佛商学院的特哈姆说："在与人谈话前，我情愿用两个小时的时间在他的办公室前的人行道上散步，而不愿在还没有清晰的想法，不知该如何说，并且不了解对方，没有充分准备答案的情况下，直接去他的办公室。"

如果你永远都能按照对方的观点去想，从他的立场看事，这就足够成为你一生中一个新的里程碑。

不一定非要指责别人

现实中的很多人，特别是身居高位的人，常常喜欢责怪自己的下属，好像这样才能发泄不满，才能体现出自己的尊贵——这是人性的弱点。但人往往有这样一个特点：当面对责怪的时候，就会因此产生抵触情绪，并且拼命为自己辩解。告诉各位，责怪也是危险的，因为它伤害了一个人宝贵的自尊，伤害了他的自重感，他会产生强烈的不满情绪。

心理学家汉斯·塞利说：“就像我们渴望获得承认一样，我们害怕受到谴责。”所以，请你不要责怪别人，换一种方式来表达你的不满，也许情况要好得多。

世界著名心理学家斯金纳是我最崇拜的人之一，他通过实验证明：奖赏能让人少犯错误，而指责和惩罚只能招致怨恨和不满。

为了证实这个道理，我还曾经请教过一所监狱的典狱长，那位典狱长告诉我说：“在我们这里，几乎没有一个人认为他是犯人，他们总是认为自己是正常的没有犯罪的人，就像你我一样，你跟他们谈话，他们会告诉你为什么他们的手会不得不拿起枪来杀人，为什么他的手在保险柜的密码锁面前会那样灵活。他们的说法很合理，你会认为他的逻辑成立，可你却知道一点，他们犯了罪，他们是坏人。”

由此，我们也可以得出一个结论：没有人在犯了错误以后会责备自己，他总是找各种理由加以辩解，那辩解的言词能把自己说服。当别人指责他的时候，他会情不自禁地辩解，辩解不成功时，就会带着怨气和怒火对待别人。

在漫长的历史中可以找出很多“批评”毫无效果的例子。1908年，西奥多·罗斯福辞去总统职务，离开白宫去非洲猎狮，共和党的另一位领袖塔夫特当选为总统。当西奥多·罗斯福再回到美国时，发现塔夫特改变了自己在任时的政策，于是他指责塔夫特过于保守，并且另行组建了“进步党”，准备再次竞选总统。这几乎导致了共和党的瓦解。结果在那次选举中，塔夫特和共和党只获得佛蒙特州和犹他州两个州的选票，这是共和党有史以来遭受的最大失败。罗斯福谴责了塔夫特，但是塔夫特有没有自责呢？当然没有。塔夫特曾经含着眼泪说他不知道怎样做，才能和自己所做的不同。这件事究竟谁对谁错，是另外一件事，但我们可以发现，罗斯福所做的批评，并没有使塔夫特觉得自己不对，而使塔夫特只想尽力替自己辩解。这次争论的结果是导致了共和党的分裂，而将伍罗德·威尔逊送进了白宫。

我们再来看一下“爱尔克和铁弗敦油田保留地舞弊案”。这件事曾经使全国舆论愤怒，也震撼了整个美国！任何人也不曾料想到，在美国国家行政中会发生这样的事。这件舞弊案的事实是这样的：哈丁总统在任时的内政部长阿尔伯特·胡佛，被委派主持政府在爱尔克和铁弗敦油田保留地租赁事宜。这两处油田保留地，是政府预备给海军未来使用的。当时，胡佛有没有主持公开招标？完全没有。胡佛部长把这份丰厚的合约，很干脆地送给了他的朋友杜黑尼。而杜黑尼投桃报李，“借”给胡佛称为“贷款”的10万美元。接着，胡佛利用自己的权力，命令美国海军进驻爱尔克和铁弗敦地区，把附近的其他油田开采商全部赶走了，因为附近油井的开采，对爱尔克和铁弗敦油田开采有一定影响。被赶走的油田开采商不甘心，于是上诉，这才揭开了“爱尔克和铁弗敦油田保留地舞弊案”的内幕，涉案金额达1亿美元。这件舞弊案轰动了全美国，全国舆论哗然，其影响之恶劣，几乎毁了整个哈丁政权，共和党也几乎垮台，最终以胡佛锒铛入狱宣告结束。

试着想想，胡佛遭到千夫所指，万人唾骂，很少有人被这样谴责过！那么胡佛表示后悔了吗？没有，根本没有！在几年后，郝波特在一次公开演讲时透露，哈丁总统的死是因为神经的刺激和心里的忧虑，因为有一个朋友曾经出卖了他。当阿尔伯特·胡佛的妻子听到这些话之后立刻从沙发上跳了起来挥舞着拳头号啕大哭说：“为什么说哈丁是被胡佛出卖的？不，我的丈夫从没对不起过任何人，就算这间屋子里堆满了黄金，我的丈夫也不会被诱惑去做坏事。他是被别人所出卖，才会落得被钉上十字架的下场。”

从上面的几个例子我们可以看出，人类的天性就是做错事只会责备别人，而绝不会责备自己，每个人都是如此。所以，当以后我们要批评别人的时候，还是先想想卡巴尔、科劳雷和胡佛这些人。他们的前车之鉴让我们认识到：批评就像饲养的鸽子，它们永远会飞回家的。我们更需要了解，我们所要批评和谴责的对象，他们会为自己辩解，甚至会反过来攻击我们。

你应该避免和人争论

要想不被人讨厌，还必须做符合人本性的事。很小的时候，我就和斗嘴抬杠结下了不解之缘。我喜欢和哥哥在任何事上都不停地打嘴仗。喜欢争论似乎成了我的天性。后来，我在大学里又选修辩论学和逻辑学，并且经常参加辩论比赛。再后来，我到了纽约，在那里教授演讲和辩论，我甚至曾准备写一本关于辩论的书。但有一件事，却使我改变了这种争论的毛病，它使我明白了一个道理：在争论中获胜的惟一方式就是避免争论。

所以，我们绝不可能用口头的争斗改变任何人的思想。

第二次世界大战结束后，我正在伦敦担任洛斯·史密斯爵士的经纪人。二战期间，史密斯爵士是澳大利亚空军飞行员。欧洲战役胜利不久，他在一个月内飞行了半个世界，轰动了全世界。为此他获得了英国女王授予的爵士爵位，也得到了澳大利亚政府的奖励。一时间，他成为了英国的著名人物。

一次，我去参加一个宴会。宴会上，一位绅士讲了一个笑话，笑话中引用了一个句子，可他说那句话引自《圣经》。恰好我当时知道那句话出自莎士比亚的作品，于是就满怀优越感地告诉他。可他立即坚持说，不可能出自莎士比亚的作品，肯定出自《圣经》。于是我们争论起来。我的老朋友弗兰克·凯姆正好坐在我旁边，他非常熟悉莎士比亚的作品。于是我和那人向凯姆请教。凯姆听后，在桌子底下用脚碰了碰我，然后说我错了，那句话出自《圣经》，那位绅士是正确的。

在回家的路上，我问凯姆怎么回事，因为他明明知道我是对的，可他说："你的确是对的，那句话就在哈姆雷特的第五幕第二场。但是，我们都是作为客人去参加宴会的，为什么当着众人的面非要证明是他的错误呢？为什么不保留一下他的颜面呢？他并不需要你的意见，为什么和他顶嘴呢？记住，永远不要和别人正面冲突。"

如今，虽然凯姆已经不在人世了，但我永远记住了他说的这句话：要永远避免和他人面对面地对着干。

富兰克林曾说过：假如你总是争论、辩驳，或许偶尔你能赢！可这种胜利是空的，因为你永远得不到对方内心的好感，所以你要好好想一想，你是要那种语言上的胜利，还是要别人对你发自内心的好感？美国前总统威尔逊当政时，威廉·麦肯锡是他的财政部长。威廉根据多年的从政经验，总结出了这样一句话：依靠辩论无法让无知的人服气。"无知的人"，也许威廉说得太保守了。

根据我的经验，不管对方的知识和智商情况如何，你都无法靠辩论改变他的想法——这是人天生的性格。

斐森是个所得税顾问，他在上课时说："有一次，为了一笔关键的五千美元，我和一名政府的税务稽查员争论了两个小时。这五千美元实际是应收账款中的死账，没法收回来，所以不该征所得税。可那位稽查员却执意要收。那位稽查员傲慢、冷酷、固执。越和他争执，他就越顽固。面对这种情形，我对他说：'这件事比起其他你要处理的重要而困难的事情，真是不值一提。我对税务问题的研究大多是来自书本上的死知识，而你工作经验丰富，你的知识全是实际工作经验的总结。我真羡慕你的工作，能学到很多知识。'于是稽查员在椅子上坐直了，长时间地谈论他的工作，并说起了他的孩子。当时的紧张气氛一下子就缓和了。到临走时，那位稽查员说他要考虑一下这个问题，几天以后再答复。三天后，那位稽查员给我打来了电话，那些所得税他决定不征了。"

人希望被肯定的特点在这位稽查员身上被表现得淋漓尽致。他要的是一种重要人物的感觉。斐森越和他争论，他就越顽固地用职务的职能来显示自己的权威，当斐森认同了他的权力时，也就没有什么可争的了。斐森最终使他的权威欲得到了满足，于是他就表现出了宽容和理解的一面。

帕安互助保险公司有一条铁的纪律，那就是“不要争论”。真正的商业精神不是争论，因为争论并不能让人改变想法。

欧·亨利是我的一个学员，他受的教育不多，却总喜欢争论。他曾经当过司机，做过汽车推销员，但都做不好，于是就来求教于我。经过简短的交谈，我知道他总是习惯于和顾客争论，如果对方说他的汽车哪里不好，他立即会急躁地和顾客吵起来。他在这样的争论中取得了多次胜利，但他的汽车却没卖出去几辆。因此，他很苦恼。于是我告诉他，要学会忍耐和克制，不和别人吵架。现在，亨利已成为怀特汽车公司的推销明星。那么，他是如何成功的呢？

亨利说现在他去向客户推销汽车，如果客户说怀特的汽车不好，要去买荷西的汽车。亨利会说荷西的东西确实好，买他们的货是不会错的，荷西的车都是著名厂家生产的，而且业务员也棒。亨利先认同客户的想法，然后再说怀特的好处，结果收到了极好的效果。避免争论可以节约大量时间与精力，使人投入到完善和实践自己观点的工作中去。完全没有必要浪费太多的精力去干那些没有结果也毫无意义的事情。少了面红耳赤的争论，只会使双方更尊重对方，从而增进友谊，有利于思想的交流、意见的转换。

有一篇文章告诉我们如何避免争论，方法如下。

1. 倾听：给对方一个表达的机会。不要打断他，让他把他的意思完整地表达出来。用心地倾听，增加沟通和了解。

2. 寻找共同点：在听完了对方的话后，首先去寻找自己和他意见相同或相近的地方。

3. 答应认真考虑不同的意见：要真心地承认，对方的不同意见可能是对的。因此答应考虑对方的意见是比较聪明的做法。

4. 感谢持不同意见者的关心：因为关心同一件事情，所以才产生不同的意见。把对方看成能给你带来帮助的人，也许对方会成为你的朋友。

5. 不急于行动，给双方时间：适当地停下来，更仔细地考虑一下现存的问题，然后再举行会谈。问一问自己：如果我保持沉默，分歧就会不存在吗？这个难题是我的一次机会吗？几乎所有的争论，都会使参加争论的双方更加坚持自己的观点。不管在表面上是否占了上风，本质上他们都输了。这就像战争的双方都会有损失一样，在争论中永远没有赢家。

你不妨先说出自己的错误

用争夺的方法，你永远得不到满足，但用让步的方法，你得到的将比你期望的还多。

当富兰克林·罗斯福入主白宫的时候，他向公众承认，如果他的决策能达到 75% 的正确率，那就达到了他预期的最高标准了。像罗斯福这么一位杰出人物，他的最高希望尚且如此，可见我们在平时犯下的错误有多少。

你如果先承认自己也许弄错了，别人才可能和你一样宽容大度，认为他有错。这就像拳头出击一样，伸着的拳头要再打人，必须要先收回来方有可能。

我们来设想一下，如果自己认定别人有错，出于好心而直接告诉他，那结果是怎样呢？如果对方是一个脾气好的人，也许不会发作，可心里对我们却不会有好印象。而要是碰到暴躁的人，肯定马上会指着鼻子，暴跳如雷。我们能得到的是什么呢？

哈尔德·伦克是道奇汽车的代理商，他说销售汽车压力很大，因此他在处理顾客的抱怨时常常冷酷无情，于是造成了冲突，使生意减少，并产生种种的不愉快。面对顾客的不满，他会说："我们确定犯了不少错误，真是不好意思。关于你的车子，可能我们也有错，请你告诉我吧。"

这个办法很能够使顾客平静下来，而等到他们气消之后，通常就会更讲道理，事情就容易解决了。很多顾客还因为这种谅解的态度而向哈尔德致谢。其中两位还介绍他们的朋友来哈尔德这里买新车。在竞争激烈的商场上，对顾客所有的意见表示尊重，并且以灵活和礼貌的方式处理，就会有助于取得胜利。

承认自己也许弄错了，这样就绝不会惹上不必要的困扰。这样做了，不但能避免所有的争执，而且对方见你如此有礼，不可能跟你过不去，也会以礼相待，宽宏大度，承认他自己有可能错了。双方在一种和谐和互相谦让的气氛中解决问题，那么达成协议就不会很难。当然，这在事实上是没有错的，承认自己有错让自己有些难堪，心中总有些勉强，但这样做可以把事情变得更加顺利，成功的希望更大。

当然，假如从原则上说你是对的，你该先尊重别人的意见；但如果你真的错了，你最好迅速而真诚地认错，这比争辩有效得多，而且有趣得多。

我住在纽约市中心，从我家步行不到一分钟，就有一片树林，人们叫它"森林公园"。我经常带着那条波士顿哈巴狗瑞克斯，去公园里散步，由于公园里很少看到人，所以我不替瑞克斯系上皮带或戴上口笼。

一天，我和瑞克斯在公园里看到一个骑着马的警察，一个急于要显示他权威的警察。他大声责问我说："你让那条不戴口笼的狗，在公园乱跑，难道你不知道那是违法的？"

我轻声地回答说："是的，我知道是犯法。不过我想它不会在这里伤害人的。"

那警察头颈挺得硬硬地说："你想它不会！你想它不会！法律可不管你

怎么想。你那条狗也许会伤害这里的松鼠，也许会咬伤来这里的儿童。这次我放过你，下次我再看到你那条狗不拴链子，不戴口笼，你就得去跟法官讲话了。”

我点点头，答应遵守他所说的话。

我是真的遵守了那警察的话，但只遵守了几次。原因是瑞克斯不喜欢在嘴上套上一个口笼，我也不愿意替它戴上，所以我们决定碰碰运气。起初安然无事，但有一次，我终于碰了一个钉子。那次，我带着瑞克斯跑到一座小山上，朝前面看去，一眼就看到那个骑马的警察。瑞克斯当然不知道怎么回事，它在我前面，蹦蹦跳跳，直往警察那边冲去。

我知道事情坏了，所以不等那警察开口，干脆自己说了。我说：“警官，我愿意接受你的处罚，因为你上次讲过，在这公园里，狗嘴上不戴口笼，那是触犯法律的。”

那警察用了柔和的口气说：“哦……我晓得在没有人的时候，带着一条狗来公园里走走，是蛮有意思的！”

我苦笑了一下，说：“是的，蛮有意思。可是，我已经触犯了法律。”

那警察反到替我辩护，他说：“像这样一条狗，是不会对人造成伤害的。”

我却显得很认真地说：“可是，它可能会伤害松鼠！”

那警察对我说：“那是你把事情看得太严重了………我告诉你怎么办，你只要让那条小狗跑过山，别让我看到，这件事也就算了。”

这个警察，其实也很有人情味。他需要得到的不过是一种自重感。当我自己承认错误时，他惟一能滋长自重感的方法，就是采取一种宽大的态度，显示出他的仁慈。那时，如果我跟那个警察争论、辩护，那所得的效果，和现在就完全相反。

我不跟他辩论，我承认他是完全对的，而我是绝对错误的。我迅速、坦白地承认我的错误，这件事由于我说了他的话，他就替我做了分辩。我们各得其所，这件事就圆满结束了。

假如我们已知道一定要受到责罚，那我们何不先责备自己，找出自己的缺点，那是不是比从别人嘴里说出的批评，要好受得多？在别人责备你之前，很快地找个机会承认自己的错误，对方想要说的话，你已替他说了，他就无话可说，那你就有百分之九十九的机会获得他的谅解。正像那骑马的警察，对我和瑞克斯一样。

任何一个愚蠢的人都会尽力为自己的错误辩解，但只有真诚地承认自己的错误，才能够给人一种尊贵、高尚的感觉。

不要吝啬你的真诚赞美

假使我们真是这么自私，这么功利，从来都是吝啬于给人带去一点快乐，一旦没有从他人身上得到好处，就不再对他人表示一点赞赏或表达一点真诚的感谢——如果我们的灵魂比野生的酸苹果大不了多少，那么我们的心灵就会变得极其贫乏。

天底下只有一种方法可以促使人去做任何事，那就是给他想要的东西。那么，一个人究竟想要什么呢？

林肯曾在一封信中提到“人人都喜欢受人称赞”。威廉·詹姆士也说过：“人类本质里最殷切的需求是渴望被人肯定。”他不用“希望”、“盼望”等字眼、而是用“渴望”这个词，可见受人称赞是人类所需的重要东西。这种渴望不断地吞噬着人类的心灵，其中少数懂得满足人类这种欲望的人便可以很好地掌控他人。这种“被人肯定的渴望”，也正是人类同禽兽的最大区别。

约翰·洛克菲勒成功管理人事的首要秘诀，也是真诚地赞赏他人。洛克菲勒有一位生意伙伴名叫爱德华·贝德福特。在一次生意中，由于决策失误，他使公司损失了近100万美元。当时，洛克菲勒完全有理由指责贝德福特，但他并没有这样做，因为他知道贝德福特已经尽力了，况且这件事也已经过去了。所以洛克菲勒另找其他的事，说他节省了50%的投资金额，以此称赞贝德福特。洛克菲勒赞美他说："这简直太好了，我们并不能总是像巅峰时期那么好。"

其实类似这样的例子还有很多，真诚地赞美他人不仅是管理者的必修课，也同样是生活中每一个人所需要掌握的一门处世技巧，下面这个故事就发生在我们的生活当中，看看它能不能给各位带来一点启迪。

一个夏天的农场里，有个农妇劳累了一天后，为干活的男人准备了一堆干草当晚餐。男人愤怒了，并质问她是否发疯了。她说："我怎么知道你会在意呢？ 20多年来，我一直煮饭给你吃，可你从来都不吭声，也从来没有告诉我你不吃干草啊！"

虽然这个故事可能不是真的，但我却并不认为这个故事是假的。近几年，曾有人对妇女离家出走的原因进行过调查。你想知道这些妇女离家的主要原因是什么吗？那就是"没有人领情"。我想，男人离家的原因也大概如此。即使我们心里也常常感谢另一半所做的一切，但从来没有说出自己的称赞和感恩之情，就仿佛他们所做的一切是天经地义的一样。

我们会照顾儿女、朋友，甚至雇员的身体，但我们可曾照顾过他们的自尊？我们给他们牛排、美酒，以补充他们的体力，却忽略了感谢他们的言语。这样的言语，胜似清晨那美妙的音乐，将永远在他人的记忆深处歌唱。

我挚友的妻子，参加了一种自我训练与提高的课程。回家后，要先生列出六项能让她自己变得更理想的事情。虽然这位朋友能够轻易地列举出这样的六件事，可他却没有那样做。

他只是对自己的妻子说："让我仔细想想，明天早上再告诉你，怎么样？"到了第二天，他早早地起来，打电话让花店送六朵美丽的红玫瑰给他的太太，并附上纸条：我想不出有哪六件事希望你改变，我就喜欢你现在的这个样子。傍晚回家的时候，你猜会有什么样的事情发生呢？他的太太正站在家门口，眼含热泪地等他回家！看到这样的情景，他很高兴没有趁机批评一番。第二天，太太再去上课时，把事情的经过讲给他人听，许多人都说："这是他们所听到过的最善解人意的事。由此也让人体会到了赞赏的力量。"

百老汇最著名的歌舞剧家弗罗仑兹·齐格菲，具有一项使"美国女孩增添光彩"的超人能力。很多次，他都把原本没有人愿意多看一眼的平凡女孩，变成了风情万种、千娇百媚的大明星。他所用的就是赞美和鼓励。他常用体贴、殷勤的力量打动女士们的心，使她们确信自己是美丽的。他用加薪的方法，使女工们感觉自己的重要性。他很浪漫，每逢首演之夜，一定打电话给主要演员，还送她们一大束红玫瑰。

我们在日常生活中，常常会忽略赞美他人的美德。当孩子做了第一个蛋糕或做了一个蝈蝈笼时，我们忘了鼓励他们；当孩子带回一份好的成绩单时，我们也忘了称赞他们。对孩子来说，父母的赞美和关注是最令他们高兴的。

有一段时期，我曾因为推崇时尚，而进行了六天六夜的绝食。这当然是很难做到的。但是，我还是坚持下来，到了第六天的晚上，已不像前几天那样饥饿难熬了。我们都知道，如果让家人和手下的员工绝食六天，我们肯定会有一种很深的犯罪感。可是我们却常常对家人和员工六天、六周，甚至是六年都不曾表示赞赏，难道这种精神鼓舞不是同食物一样重要吗？

爱迪生曾说，遇见的每一个人，都是自己的老师，因为自己从他们身上学到了东西。如果这话对爱迪生来说是对的，那么对我们则更是如此。让我们尽量去发现别人的优点，然后发自内心地、真诚地去赞赏他们吧！

迎合对方的兴趣好办事

如果你要让别人喜欢你，对你感兴趣，那么，你就对别人讲他知道得最多的事情。

我们常说："想钓到鱼，就要先问问鱼想吃什么？"同样的道理，沟通的首要前提就是要了解对方的兴趣，留心注意别人所喜欢的是什么，最厌恶的是什么，在交际中迎合他的兴趣，满足他的心理需求，从中将会得到自己所需求的东西。

密执安州的汤姆·夏登是飞利牌石油公司的一名地区推销员。汤姆想成为他的区域里成绩第一的地区推销员，但是一家加油站却使他的努力归于泡影。这处加油站的经理是一位老人，他一点也不爱打扫加油站的卫生。汤姆想尽办法仍不能使这位经理保持加油站的清洁，因此汽油的销售量大大降低。

不管汤姆怎样要求改进加油站，打扫干净加油站，这位经理都置之不理。汤姆眼看这么多的劝说和诚恳的谈话都没有效果，最后决定带他去参观一下这个区域清洁做得最好的加油站。这位经理一走进那家加油站，眼睛都亮了，加油器运行了几年了，可还是被擦得锃亮，进来加油的汽车络绎不绝。

经理看了后，话也没说就走了。

汤姆第二天又到那个加油站去看，已看不到原来那台满是污垢的加油器了，加油室的地面被清洗得干干净净，玻璃擦得明晃晃的。经理穿着一身整洁的衣服正忙得不可开交。

汤姆暗地里笑了。后来他达到了自己的愿望，获得了"本地区最好的推销员”的称号。这一事例印证了奥佛史屈教授那充满智慧的忠告：“首先，撩起对方的急切欲望。能做到这点的人，可以掌握全世界。不能的人将孤独一生。”

在生活中，你也应该多问几句，当你发问的时候你会惊奇地发现，有时候别人并不喜欢你给他的，当你了解了对方的观点时，你就走出了成功的第一步。

1920年初，我刚刚完成了那本《影响力的本质》一书。

我打算在芝加哥的某家饭店里租用一个大舞厅，举办一个大型讲座，每一张票10美元。当一切准备就绪，入场券也已经印好的时候，我接到了饭店方面的通知，要求将租金多加一倍。

很显然，无论谁遇到这样的情况都会感到为难的，去责问饭店经理吗？显然不会取得好的结果，因为饭店经理总会摆出让人无言以对的理由。况且他们关心的只是他们的事情，我办不办得成讲座恐怕不在饭店经理的考虑之内。

后来，我找到了这家饭店的经理，我很平静地对他说：“得到这个消息，我很吃惊，但是我一点都不怪你，如果我处于你的位置，我也会这么做的。作为一名经理人员，使饭店的利润增加是他的责任。现在拿出一张纸，把你增加租金的利和弊写下来我们来分析一下。”我在一张纸上写了“利”的一方面，包括舞厅空下来以后，如果把它租给别的社团开大会或集会用，当然会增加收入，而且要比租给我办讲座得到更多的收入。然后我又在另一张纸上写了“弊”的方面，内容是在这十天里饭店将不会有收入，因为我没那么多钱付给饭店，即使有那么一两家来租用，也不会一租就租十天。另外来听我的讲座的大多是大学里的教师、学生，还有不少企业管理者，如果我办不成讲座，你们岂不是少了一个很好的宣传机会吗？有些时候，财富是潜在的，我很遗憾，你们和我都要失去一个大好的机会了，你意下如何？我把纸片写好以后交给了那位经理，仍旧很平静地说：“先生，你能好好考虑一下吗？我静候回音。”

没过几天我就收到了一封信，信中说把原定的200%的租金减到105%。

这件事后，我发现了一个道理，在任何时候，人最关心的是他们自己。当你在与人相处时，如果能够迎合别人的兴趣，为对方做打算，那么，你就很容易与人沟通了。你替别人着想，别人就会自然地照顾你的需求了。

我有个叫约翰的同学，一天他下班回家，发现他的小儿子汤米正在又哭又闹，原来孩子的妈妈让他明天上幼儿园，汤米很贪玩不愿意去。

约翰工作了一天，心情很不好于是就对小孩子发了火，把儿子赶回了他的房间并要求他第二天必须要上幼儿园，孩子被吓得不哭了，并老老实实地回到了他的卧室。

过了一会儿，约翰觉得对孩子过于武断、粗鲁了，他不明白孩子为什么不愿上幼儿园，他想到了一个问题：如果我是汤米，我为什么不愿去幼儿园？想到这，他灵机一动，叫来妻子和他的大女儿，和他们一起弹琴唱歌。一会儿，约翰看见他的儿子悄悄地探出头来。然后，汤米就来到了客厅，怯生生地问道："我可以参加吗？"

约翰于是就很认真地说，如果汤米不上幼儿园，就学不会唱歌，学不会唱歌就不能参加他们的活动。

就这样，汤米高兴地答应了去幼儿园，第二天早晨，汤米早早地就穿戴整齐坐在客厅里了。约翰问他为什么这么早起床，汤米告诉他说："汤米不愿意迟到。"

迎合别人的兴趣，重要的一点是要想：对方最需要、最关心的是什么。如果你能从本节课中学到这一点，它会轻易地变成你成功的里程碑。

批评最容易伤害别人

对任何攻击，我们无动于衷，这件事就会到此为止，到最后，结果证明你是正确的，那么所有的责难都不具有任何意义；反之，结果证明你是错误的，即使有天使替你作证说你是正确的，也没有任何意义。

美国海军陆战队的施莫特力·巴特勒少将年轻时，急切想成名，渴望给每个人留下良好的印象。那时，只要有一点点的批评都会使他很难过。不过他承认30年的海军陆战队生活把他磨炼得坚强多了。他说曾有人批评他像一条狗、蛇或臭鼬，也被诅咒专家咒骂过，所有的英文词汇中最下流的字眼，他都被人骂过。现在若听到有人骂他，他都懒得回过头去看一眼。巴特勒将军对批评太无动于衷了，但是大多数人却又把批评看得很严重。

几年前，一位《纽约太阳报》的记者来参观我的成人培训班，然后写了一篇报导，对我的工作及个人多有攻击。我当时真的气愤极了，认为这简直就是对我个人的一种侮辱，于是我打电话给《纽约太阳报》执行委员会主席，请主席刊登一篇陈述事实的文章，让他们为自己的错误受到惩罚。

后来我对于自己当时的行径，感到很惭愧。现在我了解到当时可能有大半读者根本没有看到那篇文章，阅读到的另一半读者也都会抱着随意的心态去看它。

没有人真正关心别人的事，因为人们想到的只是自己。人们关切自己的头痛，只怕比关切别人的死讯还要多。

即使有人欺骗了你，出卖了你，在你的背后捅了一刀，甚至你最亲密的朋友也背叛了你，那也不要坠入自怜的深渊。相反，正好可以提醒自己，那正是发生在耶稣身上的事，他那最亲信的12位门徒中，有一位只是为了大约19美元，就背叛了他。另一位门徒竟三次当众宣称自己不认识耶稣，甚至还发了誓。12位中就有2位背叛了他，比率是1/6。既然连耶稣都不过如此，人们还凭什么要得到更好的际遇？

很长时间以来，人们就发现既然无法避免不公的批评，起码自己可以做一件更重要的事情，那就是决定自己是否要接受批评。

罗斯福总统的夫人，做少女时很害羞，总是害怕人们的闲言碎语。她恐惧别人的批评，于是就去请教罗斯福总统的姐姐。罗斯福夫人说自己想做一些事情，但又怕别人批评。姐姐看着她说："只要相信自己做的是对的，就不要在意别人怎么说。"姐姐的这句话，成了她在白宫岁月中的支柱。

马休·布鲁斯是美国国际公司的总裁，他说他年轻时确实对别人的批评非常敏感，当时他渴望全公司的人都认为他是完美的。如果他们不这样认为，他就会很烦恼。为了取悦第一个有反对意见的人，往往得罪了另外一个人。于是他就挨个安抚，结果是一群人都有意见。最后他终于发现，为了避免别人对自己的批评，他试图安抚更多的人，但同时也得罪了更多的人。经过了这些事以后，他告诉自己：如果你身为领导，就注定了要被人批评，想办法去习惯它。这样会对自己很有好处。你只管尽力而为，然后撑起一把伞，让批评之雨顺伞滑落，而不让雨流入脖子里，使自己难过。

美国作家迪莫斯·泰勒干得更彻底。他在周日下午的电台音乐节目中做评论，有位女士写信称他为"骗子、叛徒、毒蛇、白痴"。泰勒在他的著作《人与音乐》中提到这件事：他怀疑她可能是随意说说的，于是在下周的广播节目中，他向所有的听众读出了这封信。没过几天，他又收到了同一位女士的来信，坚持自己的想法，仍旧称泰勒为骗子、叛徒、毒蛇和白痴。而这一次，泰勒又在节目中谈到了这件事，后来就再也没有收到过类似的信件。

如果林肯总统没有学会不理会排山倒海般的各种攻击，他恐怕早就崩溃了。他应付恶意批评的方法已成为个中经典。林肯说过这样一句话：如果自己不对任何攻击做出反应，这件事只有到此为止。麦克阿瑟将军将这句话摆在了自己的办公桌上，丘吉尔也把它放在书房里，以警戒自己。

记住对方的尊姓大名

人对自己的姓名最感兴趣。把一个人的姓氏记全，很自然地叫出口来，这是一种最简单、最明显，而又是一种最能获得好感的方法。

弗莱去马棚里拉出一匹马来，那匹马关在马棚里已经有好多天了，它被放出来后非常高兴，身体打转双蹄腾空，弗莱被马活活踢死了。

弗莱死后留给他妻子和三个孩子的仅是几百美元的保险金。弗莱的大儿子吉姆只有十岁，为了家中的生活，就去一家砖厂做工，他把沙土倒入模子里压成砖瓦。吉姆没有机会受更多的教育，可是他有达观的性格，使人们自然地喜欢他，愿意跟他接近。他后来参加政治，经过多年磨练后，逐渐养成了一种善于记忆人们名字的特殊才能。

吉姆虽然没有进过中学，可是到他而立之年已有四个大学赠予他荣誉学位。他当选为民主党全国委员会主席，担任过美国邮务总长。

有一次，我专程去拜访吉姆先生，请他告诉我他成功的秘诀。吉姆只简短的告诉我两个字：“苦干！”

对于他这个回答，我觉得他是在敷衍我，感到不满意，所以我摇摇头说："吉姆先生，别开玩笑。您已经很成功了，不怕人和你竞争了。"

他问我："你认为我成功的原因是什么呢？"

我不加思索地回答他说："吉姆先生，我知道你有一个特异功能，能叫出 1 万个人的名字来。"

吉姆对我说："你错了！我大约可以叫出 5 万个人的名字。"

原来，吉姆在一家公司做推销员的那些年中，他还担任了洛克雷村的书记，使他养成了一种记忆别人姓名的方法。

这套方法很简单。他每遇到一个新朋友时，就问清楚对方的姓名，家有几口人，做什么和对当前政治的见解。他问清楚这些后，就牢记在心里。下次再遇到这人时，即使已相隔了一年多的时间，还能拍拍那人的肩膀，问候他家里的妻子儿女，甚至于还可以谈谈那人家里后院的花草。

罗斯福开始竞选总统前的几个月中，吉姆一天要写数百封信，分发给美国西部、西北部各州的熟人、朋友。而后，他乘上火车，在 19 天的旅途中，走遍美国 20 个州，经过 1.2 万里的行程。吉姆每到一个城镇，都去找熟人做一次极诚恳的谈话，接着再赶往下一段行程。当他回到东部时，立即给各城镇的朋友每人写一封信，请他们把曾经谈过话的客人名单寄来给他。那些不计其数的名单上的人，他们都得到吉姆亲密而极礼貌的复函。

吉姆早就发现，一般人对自己的姓名最感兴趣。把一个人的姓名记住，很自然地叫出口来，便对他含有微妙的恭维、赞赏的意味。若反过来讲，把那人的姓名忘记，或是叫错了，不但使对方难堪，而且对自己也是很大的损害。

我在巴黎曾经组织过一个讲习班，用复印机分函给居留巴黎的美国人。我雇用的那个打字员英文很差，填打姓名时自然就发生了错误。其中有个学员，是巴黎一家美国银行的经理，我接到他一封责备的信。原来我那个法国打字员，把他的姓名字母拼错了。可见，每个人对自己的名字是多么在意，而记住别人的名字又是多么的必要。

当我是苏格兰的一个小孩时，曾得到一公一母两只兔子，不久，我就有了一窝小兔。可是，我找不到可以喂它们的东西。但是我想出一个聪明的主意来。我跟邻近的那些小孩子说，如果谁去采小兔吃的东西，这只小兔就用谁的名字命名，来纪念他们。

这个想法功效神妙，使我永生不忘。在做事的时候，这种方法往往能解决棘手的问题。

安德鲁·卡耐基要将钢轨售给宾夕法尼亚铁路局，这家铁路局局长是汤姆森。所以安德鲁就在匹兹堡建造了一个大钢铁厂，命名为“汤姆森钢铁厂”。

由此不难想象，宾夕法尼亚铁路局采购钢轨时，汤姆森会向哪一家买?

有一次，安德鲁和普尔姆竞争小型汽车、小客车业务的经营权。当时安德鲁负责的中央运输公司，和普尔姆所经营的公司，争夺太平洋铁路的小型汽车、小客车业务，互相排挤，接连削价，几乎已侵蚀到安德鲁可以获得的利益。安德鲁和普尔姆都去纽约见太平洋铁路局的董事们。那天晚上，安德鲁在圣尼古拉大饭店遇到了普尔姆，对他说：“晚安，普尔姆先生，我们两个人是不是都在作弄我们自己？”

普尔姆问：“你这是什么意思？”

于是安德鲁就说出自己的见解，希望合并双方的业务，如果双方不竞争，可以获得更大、更多的利益。普尔姆虽然注意听着，并没有完全相信，最后普尔姆问：“这家新公司，你准备取什么名字？”安德鲁马上就回答：“那当然叫普尔姆皇宫小型汽车、小客车公司。”普尔姆那张绷得紧紧的脸立马松弛下来，顿时说：“安德鲁先生，到我房里来，让我们详细谈谈！”就是那一次的谈话创造了安德鲁·卡耐基企业界新的奇迹。

人们都重视自己的名字，尽量设法让自己的名字留传下去，甚至愿意付出任何代价，即使牺牲也在所不惜。很多人不记得别人的名字，只因为他们认为没有必要下工夫和精力去记别人的名字。如果问他们为什么，他们可能就会为自己找借口，说自己很忙。

可是，一种最简单、最明显，而又最重要的获得好感的方法，就是记住对方的姓名，使对方感到自己非常被重视。无论是在政治上、事业上还是交际上，记住他人的姓名都是非常有必要的。

第二辑

有效说服他人争取更多认同

chapter 2

引语

1912年，当我开始在纽约市闯天下时，只是一位来自密苏里州的农家青年。我找到的第一份正式工作并不好，但这是我今后事业的起点——在纽约第一百二十五街的基督教青年会为成人班教授团体演说课程。开始时，我只教授演说课程，训练成年人经过练习提高临场反应的能力，更清晰有效地表达，以及在面谈与面对群众时更能表现镇定。可是渐渐地我发现他们不只需要有关沟通的训练，他们更需要的是如何在工作与应酬中与人相处得更融洽。

于是，我将课程扩展到人际关系的基本能力。当时既没有教科书、科目，也没有学员手册。不过，从每天与人交往的过程中，我渐渐地发展出一列人际关系技巧的项目表，而且我自己每天都在做这些方面的工作。

其实，良好的人际关系不单纯是指如何与人相处，更在于能不能与人产生一加一大于二的效果。它包括：你是不是尊重他人；是不是理解他人；在与人沟通时是不是能有效地倾听对方，并把自己的意见说出来；意见不一致时是不是能把不同意见综合起来，然后得到一个大家都比较满意的结果；是不是能说服他人，同时说服自己；在一个小团队里面是不是能够自然成为领导者，能不能跨越自己影响他人……

最初的时候，我只是把这些原则随意写在小卡片上，后来活页纸很快取代了小卡片，再后来又变成了小册子，每次都比上一次更有分量——相关方面的知识我积累得越来越多，从而形成了现在的这种体系。

社会上的每一个人都是具体的，性格各异，要想得到众人的信服，在大家争论不休的时候站出来说“这个意见是最好的，请跟我走”，并能说服大家，就必须要掌握一定的技巧。

送金送银不如送人好名声

我培训学员，不论是哪方面的培训，其实最终只有一个目的：改变并提升他们。但我在培训他们的过程中发现，如果要改变一个人的某一方面，就要做得好像那个优点已经是他的。举个例子说，制造厂里一个好工人变成粗制滥造的工人，你会怎么做？是的，你可以马上解雇他，但这并不能解决任何问题，你还要再找个工人进行入职培训，很麻烦。当然你也可以责骂他，但这只能引起他的怨忿。那么，改变他就成为了我们的最终目的，接下来是，我们怎么做才能有效地改变他。

印第安纳州洛威一家卡车经销商的服务经理亨利·汉克斯看到公司有一个工人的工作越来越糟糕。但亨利·汉克斯没责备他，而是把这个工人叫到办公室里来，跟他坦诚地谈了谈话就改变了他糟糕的工作状态。

亨利·汉克斯这样说："亲爱的比尔，业界都说你是个很棒的技工，我也这样认为。这几年你一直在第一线工作，从没出过差错，你修的车子也都很令顾客满意。其实，有很多人都赞美你的技术好。可是最近，你是不是身体出现了问题呀？因为你完成一件工作所需的时间加长了，而且你的质量也比不上你以前的水准。你以前真是个杰出的技工，我想你一定知道，我对这种情况不太满意。也许我们可以一起来想个办法改正这个问题。"

比尔回答说他并没有察觉自己没有尽好职责，同时像是突然醒悟一样向汉克斯保证，他所接的工作并未超出他的专长，他以后一定会改进。

当我的学员听到这个故事后都会问，他做了没有？可以肯定他做了。

他曾经是一个快速优秀的技工。有了汉克斯先生给他的那个美誉，他怎么会做些比不上过去的事呢。因为每个人都有维护自己好名声的潜意识，比尔也会有。

琴德太太是我的朋友，她在纽约白利斯德路居住时雇了一个女佣，琴德太太告诉她下星期一开始来工作。为了弄清这个女佣的底细，琴德太太就打电话给那女佣的旧主人，旧主人说这个女佣并不好，并且还数落了这个女佣的很多坏毛病。但是，尽管这样，琴德太太还是雇佣了这个女佣。

当那女佣第一天来上班的时候，琴德太太对她说："亲爱的莱莉，前天我打电话给你以前做事的那家太太。她说你会做菜，会照顾孩子，诚实可靠，不过她也说了一些缺点，比如你平时很随便，从不将屋子打扫干净。可我一见到你突然觉得她说的这些缺点是没有根据的，你看看，你穿得如此的整洁，这是谁都可以看出来的，我可以肯定，你收拾的屋子一定同你的人一样整洁干净。我也相信，我们一定会相处得很好。"

后来，琴德太太和女佣果然相处得非常好，莱莉要顾全她自己的名誉，所以琴德太太所讲的，她全都做到了。她把屋子收拾得干干净净，她宁愿自己多费些时间，辛苦些，也不愿意破坏琴德太太对她的好印象。

包德温铁路机车公司总经理华克伦曾这样说："一般人，如果你得到他的敬重，并且对他的某种能力表示赞赏的话，他会很乐意接受你。"

我也可以这样说，如果你想改变一个人某方面的缺点，你就要表示出他已经具有这方面的优点了。莎士比亚说："如果你没有某种美德，就假定你有。"最好是先"假定"对方有你所要激发的美德，给他一个美好的名誉去表现，他会尽力去做，而不愿使你感到失望。人性的弱点是喜欢"戴高帽"。

雷布兰克在她的《我和马克林的生活》一书中讲述了一个低卑女佣的惊人改变："我每天让隔壁饭店给我送饭菜来，我看到店里有个女佣，人们都叫她'洗碗的玛莉'，因为她是厨房里的帮手，主要工作就是洗洗碗。她还长相古怪：一对斗鸡眼，弯弯的两条腿，瘦得像非洲难民，身上没有四两肉，整日无精打采、迷迷糊糊的，一点也不讨人喜欢。

“我曾经和他的老板沟通过这个问题，老板告诉我，玛莉不可救药了，尽管自己好几次给她涨工资，但她还是那么糟糕。

“有一天，饭店让她给我送餐，当她端着一盘面来给我时，我很坦白地对她这样说：‘玛莉，你知道你身上有什么与众不同的地方吗？’听了我的话，玛莉平时似乎有约束自己感情的能力，生怕会招来什么灾祸，不敢做出一点高兴的样子。她把面放到桌上后，叹了口气，巧妙地说：‘太太，我是从来不相信这些恭维话的。’她嘴上这样说，其实心里没有怀疑，也没有提出更多的问题，只是回到厨房，反复思索我所说的话，深信这不是人家开她的玩笑。就从那天起，玛莉自己似乎也考虑到我的话了，她自己起了一种神奇的变化。她开始注意修饰她的面部和身体。她那原本枯萎了的身体，渐渐洋溢出青春般的气息来。

“一段时间之后，当我要离开那地方时，她突然告诉我，她就要结婚了，新郎是厨师的侄儿。她悄悄地告诉我：‘我要去做人家的太太了！’她向我道谢。我只用了这样简短的一句话，就改变了她的人生。”

人总是要激励的，雷布兰克给“洗碗的玛莉”一个美好的名誉，就是那个名誉改变了她的一生。

有一天早晨，牙医马丁·贵兹与夫发现他的病人指出她用的漱口杯托盘不干净时，他真的羞愧极了，这显然表示他的职业水准是不够的。

当这位病人走了之后，贵兹与夫医生就关了自己的诊所，并写了一封信给布利基特女佣，是她一个礼拜来这里打扫两次。贵兹与夫是这样写的：

“亲爱的布利基特：最近很少看到你，甚念。但是我想我还是抽点时间，为你给我的诊所做的清洁工作致谢。顺便一提的是，每周 2 小时的工作量并不算少。

“假如你方便，请随时来工作半个小时，做些你认为应该经常做的事，比如清理漱口杯托盘等等这些繁琐细微的工作。当然，我也会为这额外工作给你报酬的。”

第二天他走进办公室时，他的桌子和椅子，擦得几乎跟镜子一样亮，他几乎从上面滑了下去。当他进了诊疗室后，看到从未见过的干净、光亮的铬制杯托放在储存器里。他给了她的女佣一个美誉，而且就只为这一个小小的赞美，她使出了最卖力的一面。她用了多少额外的时间呢？对了，一点都没有。

我的家乡有这样一句古语：“如果不给一条狗取个好听的名字，不如把它吊死算了。”几乎包括了富人、穷人、乞丐、盗贼，每一个人都愿意竭尽其所能，保持别人赠予他的诚实的美誉。

纽约新新监狱狱长路易斯说：“如果你必须去对付一个盗贼、骗子，我想，只有一个办法可以制服他，那就是待他如同对待一个体面的绅士一样。假设他规规矩矩的，他会感到受宠若惊，他会很骄傲地认为有人信任他。”这句话太重要，太好了！

建议比命令更容易让人改正

使人容易改正错误的最基本方法是建议，因为建议的方法很好地维护了一个人的尊严，给对方一种自重感，促使他与自己合作，而不是对抗。我发现，“建议”往往比“命令”好用。用“建议”不仅不会伤害对方的自尊，而且能使他愿意改正错误，并接受我们。

很多年前，我有幸与美国著名的传记作家伊达·塔贝尔小姐一起吃饭。当时我说我正在写您正在阅读的这本书，于是我们就讨论起怎样说服他人这个问题。伊达·塔贝尔小姐对我说，她在给欧文·杨写传记时，曾采访了一位与欧文·杨一起共事 3 年的人。那人说，从未听过杨对他的同事命令过什么，他总是用“建议”的态度。欧文·杨不说“做”或“不做”，也不说“别这么做”或“别那么做”，他总是说“你可以想一想……”、“你觉得……”。他常在口授一封信后说：“如果这句话这样写，你觉得怎样？”。在他口授文件时，让秘书记录，经常会问：“也许这样写比较好。”他对他的助手总是很信任，放手让他们去做。他从不批评他们，也不干涉他们，而是让他们在错误中学习。

建议的方法会让人轻易地改掉毛病，而且还能保持个人的尊严。给他们一种自重感，并接受你，愿意与你合作。

宾夕法尼亚州有一位教师丹·桑塔瑞利给我们讲述了这样一件事。有一次，一个学生把车子停错了地方，因而挡住了别人的通道。一位导师看见了，他在学生正在上课的时候，冲进教室很不客气地说：“堵住车道的车子是谁的？”那位学生回答之后，导师更加粗暴地说：“马上把车子移走，否则我就叫人把它拖走。”

是的，这个学生是错了，车子停在了不该停的地方。但从那天起，包括那学生在内的全班学生都对那导师心存不满，那位导师的日子因此变得不好过。

那位导师本可以不这样做的。他可以好好地问：“请问，谁的车挡住了通道？”然后建议学生把车开走，以方便别的车进出。我想那位学生肯定会乐意这么做，同学们自然也就不会对那位导师不满了。

由此可以看出：无礼的命令只会导致长久的积怨，即使这个命令可以用来改正他人明显的错误。

伊万·迈克是南非约翰内斯堡一家小工厂的老板，这家工厂专门生产精密机器零件。有次他接到一张大订单，但订单中要求迈克先生确定能否如期交货。由于工厂的生产能力较小，并且工作进度早已安排好，要在短期内生产出这么大一批货，他自己也没把握，但他还是接了这个订单。

迈克没有催促工人们为了这张订单赶工。他只是把所有的工人都叫到一起，把事情的详细情况告诉了大家。接着他向工人们问了下面的一些问题。

“我们有什么办法可以完成这批货？”

“有人有其他办法吗？”

“有什么办法可以把我们的工作时间和工作程序合理地分配一下？”

工人们纷纷说出自己的建议，并且坚持接下定单。他们认为这是自己的事，所以非常积极。最终他们如期赶出了这批货。

所以说，很多时候，我们不要命令某人做某事，更聪明的做法是，用“请”、“建议”的口吻请求别人的帮忙，这样更有利于获得对方的赞同。

肯定对方微不足道的进步

在训练狗时，我们都懂得肯定——哪怕是小狗仅仅把你抛出的“猎物”取回来放在半道上。为什么我们想改变别人时，不用改变宠物的方式？尝试一下用肯定代替斥责，看一看效果会怎么样？

即使是最微小的进步，我们也要给予肯定，那样可以激励别人继续进步。

我认识派洛，一位杂技演员。他有一出拿手的狗戏，他终身随马戏班和杂术表演团到处表演。我喜欢看他训练小狗做游戏，我留意当在狗表现出微小的进步时，他会轻轻地拍拍它——肯定它，给它肉吃，他把这当做一件大事来看待。

其实这不是什么新鲜事，训练动物的人，几百年来都是用同样的方法。

我很奇怪为什么想改变人的时候，不用类似改变狗的方法呢。我们为什么不用肉代替鞭子，我们为什么不用肯定代替责备？

劳斯监狱长已经发现，即使对“猩猩”里的罪犯，肯定其最微小的进步，也是值得的。前不久我接到劳斯监狱长的一封信，这里援引他在信中的原话：“对罪犯的努力表示适当的肯定，比苛刻的批评与责备，更能取得他们的合作，最终能达到促进他们完全恢复人格的目的。”

我从未被拘禁在“猩猩”监狱中——至少到目前还没有——但回想自己生活的全过程，我看出在某些时刻，几句肯定的活深刻地改变了我的未来，我们不能对自己说同样的话吗？历史上充满了最微小的肯定发挥惊人魔力的例证。

多年前，伦敦一位青年，希望成为一个作家，但事事看起来都好像同他作对。因为贫穷他从未能在正规学校里读过书，他的父亲因不能偿债被捕入狱，这位青年深深知道饥饿的痛苦，饱尝贫困的煎熬。最后，他终于找到一份工作，白天，他在一间老鼠横行的仓库里粘贴黑油瓶上的标签，晚上，他睡在一间灯光暗淡的顶楼上，他的室友是另外两个孩子——来自伦敦贫民窟的肮脏顽童。他对自己的写作才能缺乏自信，因此，他常常在寂静的深夜偷偷溜出去，将他的稿件邮走，以免人家讥笑他的稿子总被退回。

伟大的一天最终到来了——他有一篇稿子被录用了。实际上，他得到的报酬还不到一个先令，但一位编辑肯定了他。一位编辑给了他承认，他非常兴奋——他在街上无目的地游荡，他泪流满面。

由于一篇故事被刊出而得到一位无名编辑的肯定及承认，改变了他的命运。如果没有那个鼓励，他或许将终身在被老鼠骚扰的工厂里工作。

大家一定听说过那个青年，他的名字叫狄更斯。

50 年前，另一个伦敦孩子，在一家布店做店员。他每天 5 点钟起床，洒扫店铺，每天像奴隶一样工作 14 个小时——那是一份苦工。过了两年，他再也忍受不下去了，所以一天早晨起床后，没有等到吃早餐，就走了 15 英里的路程，去和他母亲商量，因为他母亲在别人家里当管家。

他快要疯了，他向她请求，他哭泣，他起誓：如果一定要留在布店中，他就要自杀。然后他写了一封长长的、悲惨的信给他的老校长，他说他的心已经碎了，他不想活了。

他的老校长给了他一点肯定——对他说，他实在很聪明，适合做更好的事，并给了他一个教员的职位。

那个孩子后来告诉别人，校长那看起来一丁点的肯定和微乎其微的鼓励，改变了他的命运，在英国文学史上，留下永久的印记。因为那个孩子自此以后，一共写了77本书，用他的笔赚了100多万英镑。大家可能也听到过他的名字，他的名字是韦尔斯。

假如激励我们接触的人，肯定他们最微小的进步，我们所做的，就比仅仅说服他们还要多。

洛杉矶的约翰·林杰波夫，就是用这种态度处理自己与子女的关系的。在许多家庭里，父母与孩子关系的主要形式是吼叫和斥责。这些家庭的例子表明，一段时期之后，孩子与父母的关系会变得越来越糟。

林杰波夫先生决定用我们在课堂上学的一些方法，来解决这个情形。后来他专程到我的课堂上来给大家报告说："我们决定以肯定别人来代替挑剔别人的过失。当看到他们做的是负面的事情时，要找些事情来肯定，真的是很难。我们想办法去找他们值得肯定的事情，这样做之后他们以前所做的那些令人不高兴的事，真的就不再发生了。接着，他们其他的一些缺点也消失了，他们开始照着我们肯定的方向去做。他们居然一反常态，乖得连我们也不敢相信。当然，这并没有一直持续下去，但总是比以前要好得多了。现在我们不必再像以前那样地纠正他们。孩子们做对的事要比做错的多得多，这些全都是肯定的功劳，即使肯定他们最细微的进步，也比斥责他们的过失要好得多。"

我们都渴望被赏识和认同，而且会不惜一切去得到它。但没有人会要阿谀这种不诚恳的东西。

著名的心理学家杰茜·雷耳在其著作《孩子，我并不完美，我只是真实的我》中这样说："肯定对温暖人类的灵魂而言，就像阳光一样，没有它，我们就无法成长开花。但是我们大多数的人，只是敏于躲避别人的冷言冷语，却吝于把赞许的温暖阳光给予别人。"

我能够找出那些改变我前途的肯定之言。大家是否也能在自己的生命中，找到同样的东西？历史全是由肯定的真正魅力，来做令人心动的注脚的。

让对方觉得决定是自己做出的

在人的骨子里有这样一种特质：没有人喜欢被强迫去做事或接受他人的意见，人们都喜欢依自己的意愿购置东西，按自己的想法去做事。而且，任何人都会很高兴有人探询自己的想法，征求自己的意见。

我们可以想想，自己的主意是不是比别人的主意更受到自己的重视？如的确如此，若将自己的意见强塞进别人的脑子里，是不是也有失明智呢？

尤金是纽约州一画室的推销人员，他的工作是把画室设计的草图买给那些服装设计师和纺织制造商。尤金干这一行已经有些年头了，积累了丰富的经验，每次总是能把草图推销出去。可是有一次，他遇到了一个很难被说服的客户。这是个在当地小有名气的服装设计师。每次尤金去的时候，这位设计师总是热情地接待他，把他带去的草图仔细地看一遍，但就是不购买。为了拿下这份业务，尤金已前前后后跑了150多次了，可是始终没有结果。失败没有改变尤金的决心，每天晚上他都要抽出一点时间去研究说服别人的哲学，以发展新观念，创造新的热忱。

不久，尤金找到了一种新的方法。他随手拿出几张尚未完成的草图，来到这位设计师的办公室，请设计师提出自己的意见。这一次，设计师把未完成的草图留了下来，叫尤金过几天去找他。

几天后，尤金来到设计师的办公室，获得了设计师的修改意见，并按他的意见完成了图案设计。设计师二话没说就买下了这些草图。

从那时起，这位服装设计师成了尤金的固定客户，经常会向他购买一些图案，那完全是依据设计师的想法画成的。

尤金的做法很简单，让客户觉得图案是他自己创造的，这样自己也用不着推销，去催促对方买下这些图案，对方会自动去买。

提出一个建议，让他人自己做决定。这样可使他人觉得结论是他自己得出来的。

罗斯福任纽约州长时，每当有重要职位需要补缺时，他都请那些政党要人推荐。当然，这些人最初推荐的都是一些不受欢迎的人物，罗斯福以民众不能通过予以拒绝。

后来他们又推选了一个出来，那人表面上看来虽然并没有可以批评的地方，可是也没有令人称赞的优点。罗斯福就告诉他们，如果任用这样的人，就会有负公众的期望，所以请他们再推选出一个更适合这个职位的人。

他们第三次推荐的人，已经比前两位强多了，可是还不十分理想。

于是，罗斯福对他们表示了感谢，并让他们再试一次。第四次他们所推荐的，正是罗斯福自己所需要的人。在对他们的协助表示感激之后，罗斯福就任用了这个人。而且，罗斯福还使他们享有任命此人的名义。趁此机会，罗斯福对他们说，自己已经做了使他们愉快的事，现在到他们顺从自己的意见做几件事的时候了。

罗斯福相信那些党政首要们，也愿意这样做，因为他们帮助了政府的重大改革，诸如选举权、税法及市公务法案等。

当然，罗斯福在一遍遍地征询他们的建议时也是付出了很多时间和精力的，但这种做法使那些首脑们真正地感觉到，是他们“自己”选择了候选人，任命也是他们最先提出的。

长岛有一位汽车商人，利用同样的技巧，把一辆二手汽车顺利地卖给了一位挑剔的苏格兰人。

这位苏格兰人去商人那里看车看了很多次，总是觉得不满意，这让商人很恼火。后来，这位商人的朋友建议他停止向这位苏格兰人推销，而让他自动购买。朋友告诉他，不必告诉苏格兰人怎么做，而是让他告诉你该怎么做，让他觉得出主意的是他。

商人听取了朋友的建议。几天之后，当有位顾客希望把他的旧车子换一辆新车时，商人开始尝试刚学到的新方法。他知道，这辆旧车子对那位苏格兰人可能会有一定的吸引力。于是，他打电话请那个苏格兰人过来帮个忙，提点建议。

苏格兰人到了之后，商人请他为那辆车估估价。苏格兰人很愉快地答应了商人的请求，他开车到外面转了一圈，试了试车的性能，最后建议商人用 300 美元的价格买下这辆车。

商人随即问苏格兰人，如果他能以这个价钱卖这辆车，他是否愿意买？苏格兰人二话没说就同意了，因为这是他的意见。

一位 X 光机制造商，运用同样的技巧，将他的第一批仪表卖给了布鲁克林最大的一家医院。这家医院正在建造机房，准备安装美国最好的 X 光机。L 博士，新建机房的负责人，被推销员们包围了，每个人都说自己的仪表是最好的。

但这位 X 光机制造商比较精明，在说服别人的技巧方面，他比别的人好得多，他写了这样一封信：

“我们最近研制成功了一种新式的 X 光机。第一批机器刚刚运到我们办事处，它们当然不是最完美的，我们知道这一点，而且我们正努力改进它们，如果你能抽空来看一看，告诉我们如何更能适合你们使用，我们将非常感激。我们知道你很忙，我们很愿意在你指定的时间派车去接你。”

“我接到那封信真的很惊异，”L 博士在后来叙述这件事时说，“我既惊异，又有点受宠若惊，从来没有一个 X 光机制造商征求过我的意见，它让我觉得自己重要，我觉得我受到很大的恭维。那段时间，我每晚都很忙，但我取消了一个又一个约会，只是为了去看那台机器。我越研究越发现我非常喜欢那台机器。

“没有人让我买那台 X 光机，我觉得是我说服医院买下了那家的 X 光机。我用那台机子的优点说服了我自己，然后把它安装起来。”

威尔逊总统在白宫的时候，当他处理国内、国际大事时，赫斯上校对他影响很大，威尔逊依赖赫斯上校比依靠他的内阁成员都多。

上校是用什么方法影响总统的?

幸运的是，我们知道了他的秘密，因为赫斯自己曾对史密斯透露过，而史密斯在星期六晚报的一篇文章中引用了赫斯的话：“我认识总统以后，通过观察、研究我发现，让他相信一个主意的最好方法，就是将这种主意‘偶然’地移植到他的脑子里，让他对此产生兴趣，使他主动思考，从而‘想出’这个主意。这个方法第一次发生作用，是一件很意外的事。我到白宫拜访他，劝他采取一项新政策，但这项政策，当时他似乎不大赞成。几天后，在聚餐的时候，我很惊讶地听他说出我的提议，当然是他自己的主意。”赫斯有没有阻止过威尔逊，对他说：“那不是你的意思，那是我的?”绝对没有，赫斯绝对没有。他太精明，不至于那样做。他从不居功，他要的是效果，所以他使威尔逊总统继续感到那个主意是他的。赫斯做的实际上比这还多，但他一直公开宣称这些都是威尔逊的功劳。

几年前，纽布伦斯威克有一个人对我使用这个方法，使我成为他的顾客。

我那时计划到纽布伦斯威克划船、钓鱼。于是我写信给一家旅行社打听消息：我的姓名、住址，显然被列入公开的名单里，因为我马上被野营中心和导游处寄来的十几封信件、小册子包围，我被弄昏了，我不知道选哪一家好。后来有一位野营主任做了一件很巧妙的事——他给了我几个他曾接待过的纽约客人的姓名和电话号码，请我打电话给他们，自己去调查他的服务如何。我很惊异地发现我认识其中一个人。我打电话给他，请教他的经验，然后打电话给这家营地告诉他我到达的日期。

其他人都想卖给我他们的服务，但有一个人使我自己买，他胜利了。

学会引诱对方说“是”

人的思想具有惯性，当你朝一个方向思考问题时，你就倾向于一直考虑下去。所以，当你希望别人同意你的意见时，要以对方所同意的观点开始。

有时候，我们在说服别人的过程中虽然考虑到了很多技巧，但是操作起来仍是不尽如人意，甚至会与谈话者陷入一种僵持不下的敌对状态中，使气氛格外紧张。究其原因，是双方都对对方不满意。但是双方都不让步，不愿迎合对方的观点。从一开始就进入了敌对状态，哪里还有余地去进行沟通。

根据哈理·奥维基博士的观点，“不”的反应是最难克服的观点。他指出一个人开始说“不”字后，就形成了一道坚固的心理防线。人的那种本性的自尊会迫使自己继续坚持下去。即使已意识到自己的错误，但也很难放弃自尊，而是继续固执下去。这就像撞球一样，顺着球的方向打，更容易进球；要它弹回来就要花费更大的力气。这是一种最常见的心理状态，当一个人说“不”时，他的整个身心都在抵触，并由此形成一种紧张感而去抗拒吸收别人的观点。所以，在开始谈话时，最关键的是先说一些对方认可的事情。懂得说服技巧的人，会在一开始就让对方开口说“是”，这样对方就不会那么抵触自己。

当然，这比较困难，但一想到以后的争执，就易办得多了。首先，在谈话前应该考虑好要说的话。这些话所包含的内容应该是为对方所肯定的，而且也是你自己肯定的。例如，此次谈话是为了你们的合同达成一致。你就先对对方说：“此次合作的目的，我们都是想让合作的项目成功，是不是？”对方肯定会说：“是的。”然后再说：“此次讨论的目的，双方都是想达成一致的协议，是不是？”对方肯定会再说：“是的。”有了这种铺垫后，双方缓和了敌对情绪。这样一来，对方会觉得你和他之间相同的地方是很多的，而且利益是息息相关的，沟通的可能就变成了现实。

纽约市格林威治储蓄银行的职员詹姆士·爱伯森就曾因这种说“是”的技巧，留住了一个客户。

一个人在爱伯森供职的银行开了个账户，爱伯森让他填写一份例行的表格，但他却拒绝填写表格上某些方面的资料。

如果爱伯森不懂得这个技巧，一定会像以前那样告诉他，如果他拒绝填表格中的任何一项，按银行规定，是不能给他开户的。

这一天，爱伯森决定改变策略，他不谈银行的规定，决定用让那人说“是”的方法来按要求填写资料。于是爱伯森问他：假设在你去世的时候，银行是否有责任把这些钱转到你的继承人那里呢？他做了肯定的回答。爱伯森继续说：如果知道了你最亲近的亲属的名字，是不是很方便呢？如果你去世了，就能迅速及时准确地找到他了，对吗？对方又做了肯定的回答。

这时，那人的态度已经缓和下来，因为他知道了表格中的这些资料，并不是为银行而留，而是为了他个人的利益。最后，他不仅填完了表格，而且在爱伯森的建议下，另开了一个账户，并指定他的母亲为法定受益人。当然他也很配合地回答了他母亲的所有资料。

无论面对任何人，如果对方一开口就说“不”的话，你一定要有足够的聪明和耐心，来转变这个态度。

约索芬·亚力森是西屋公司的一位销售员。他也经历过类似的事情。在他负责的那个区里有一个老板，公司很想和这老板做生意。约索芬的前任为此努力了 10 年，可没有做成一笔业务。当他接任后，又做了 3 年的努力，还是没拿到一张订单。最后，经不住他一再商谈，打电话，那个人终于买了几部发动机。

既然有了开始，以后就不难再继续下去，当时约索芬充满了信心。

三个星期后，约索芬情绪高昂地再度拜访对方，但很快他就失望了。因为对方认为他们的发动机马达散热性太差，摸起来都烫手。

面对这种情形，约索芬知道争辩是无用的，于是他决定采用“是”的技巧。

他对那个人说：“史密斯先生，我完全同意你的观点，如果发动机太热就不要多买了。发动机的热度不能超过全国电器制造协会制定的标准，不是吗？”对方表示同意，约索芬得到了第一个“是”的反应。然后，约索芬又说：“依照规定，凡是合格的发动机，温度可比室温高出 23℃，是吗？”对方同样做出了肯定的答复。约索芬紧接着又问：“厂房的温度是多少？”

对方告诉他是 24℃左右，于是约索芬按照这个数字开始了他的计算，他说：“24℃，再加上 23℃，等于 47℃。假若你把手放在 47℃的物体上，会不会很烫？”对方没有别的选择，只好又做了肯定的回答。

约索芬和史密斯先生又谈了一段时间，最后还签订了一张 3.5 万美元的订单。

在古希腊，苏格拉底是个“老顽童”，举止让人啼笑皆非。因为他经常光着脚。但是他是人类最伟大的哲学家之一，他改变了人们的思想。时间也悄然滑过了 2400 多年，可大家仍然尊称他为最有智慧的辩论者。有一个著名的“苏格拉底法则”，即引诱对方说“是”。问对手同意的问题，引导对方说“是”，不停地这样问，直到对方不知不觉地发现自己的结论，正好与自己的原意相反。

因此，在你自以为是地否定别人的时候，请记住苏格拉底的这一原则，这样你就会提出巧妙的问题，才会保证“是”这样的答案。

间接指出别人的过失

或许是因为面子问题，大部分人都经不住当面的指责。我们往往会有这样的经历：当面指责别人，只会造成对方顽强的反抗，而巧妙地暗示对方注意自己的错误，则会受到爱戴。聪明的人会用神色、声调，或手势，告诉一个人他错了。的确，这些和语言一样有效，而如果你直接说他错了，你一定不能让一个人心服口服。

在我的一堂课上，学员杰克·夏布向我们讲了这样一件事：有一天中午，杰克·夏布偶然走进他的一家钢铁厂，看见几个工人正在吸烟，而在那些工人头顶的墙上，正悬着一面“禁止吸烟”的牌子。有些老板碰见这样的局面往往会指着那面牌子，问那些工人说：“你们是不是不识字？”但夏布绝不会这样做。

他走到那些工人面前，拿出烟盒，给他们每人一只雪茄，然后说道：“弟兄们，如果你们能到外面吸烟，我会很感谢你们。”那些工人，已知道自己破坏规定，可是他们钦佩夏布先生不但没有责备他们，而且还给他们每人一支雪茄当礼物，使工人们觉得高贵。像这样的老板都会赢得工人的敬重。

如果你要证明什么事，不要让任何人知道，要间接地去做，让人不觉得反感。约翰·瓦纳梅克是费城一家很大的百货公司的老板，他也喜欢运用这样的方法。

这天，瓦纳梅克来到他的百货公司。他看到一位女客人站在柜台外面，等着买东西，可是没有人理会她。

原来，售货员都聚到柜台远处一角，在那里闲聊。瓦纳梅克装作没有看见，一声不响地走去柜台后面独自招呼那位女顾客。然后他把成交的货物，交给赶来的售货员去包装，自己就走开了，全程没有一句批评。

我们中的多数人是有成见的、偏执的，受成见、嫉妒、猜疑、恐惧、嫉恨及傲慢所困，多数人不愿意改变他们的原有思想。所以，如果你想指正别人时，请你在每天早餐以前，读下面一段文字，这是从鲁滨逊教授明哲的思想中引申来的。

“我们觉得我们在没有任何抵触情绪的情况下，可以主动改变自己；但如果有人告诉我们错了，我们就会反对这种指责，而且不理会别人的意见。

“我们的信仰是如何形成的，我们不注意，但当任何人想掠夺这些信仰时，我们意识中会立即充满不正常的反抗情绪。很明显，不是信仰本身对我们有多宝贵，而是我们的自尊心受到了威胁……”

有一次，我雇用了一位室内装饰者为我家中做些帐幔，当账单送到时，我吓了一跳，价格确实够高的。

几天后，一位朋友来访，她看了这些帐幔，一提到价钱，她带着胜利的样子大声说：“什么？太不像话了，你上了他的大当。”

真的吗？是的，她讲了真话，但很少人喜欢听反映他们判断力低下的真话。所以，我竭力为自己辩护，我指出最好的到底是最贵的，一个人不能用低廉的价格得到最好的品质和最高艺术品味，等等。

次日，另一位朋友来访，她赞赏那些帐幔，她的语调充满热情，她表示如果有财力她也愿意为她的家中置备这样精美的工艺品。我的反应就完全不同了。“哦，说句老实话，”我说，“我也没有财力置备那些帐幔。我买得太贵了，我真后悔买了它们。”

最善于布道的彼得牧师去世了。下一个星期日，艾鲍德牧师被邀登坛讲道。

他尽其所能，想使这次讲道有完美的表现，所以他事前写了一篇讲道的稿子，准备到时用。他一再修改、润色才把那篇稿子完成，然后读给他太太听。可是这篇讲道的演讲稿并不理想，就像普通演讲稿一样。

如果他太太没有足够的修养和水平，一定会向丈夫这样说："亲爱的艾鲍德，这篇演讲稿糟透了，哪能用呢？听的人一定会昏昏沉沉地睡去，因为它读起来就像百科全书一样枯燥无味；你讲道这么多年，应当很明白。老天爷，你为什么不像平常一样讲话，为什么不自然一些？"她当然可以向她丈夫这样说！试想一下，她这样说，后果又会如何呢？

艾鲍德太太是很有修养的，所以她懂得巧妙地暗示她丈夫，她说："亲爱的艾鲍德，如果把那篇讲道演讲稿拿去发表，那一定是一篇极好的文章。"她暗示丈夫，她赞美丈夫的杰作，但这篇演讲稿并不适合讲道时用。艾鲍德明白了他妻子的暗示，就把他那篇绞尽脑汁所完成的演讲稿撕碎。他什么也不准备，就去讲道了。

我们要劝阻一件事，永远躲开正面的批评，这是必须要记住的。如果有这个必要的话，我们不妨旁敲侧击地去暗示对方。对人正面的批评，会毁损了他的自重，伤害了他的自尊。如果旁敲侧击，对方知道你用心良苦，不但接受，而且还会感激你。

"当这个人侮辱我，对着我挥拳，告诉我，我不懂业务，我用尽了我所有的自制力，我不争论辩护。那确实需要很大的自制力，但这是值得的。假如我告诉他，他是错的，我们就会开始辩论。随后将发生诉讼、恶感、经济损失、一个重要顾客的失去。是的，我深信告诉一个人他是错误的，绝对不值得。"我经常这样说。让我们再举一例，不要忘记我举的这些例子代表数千人的经验。

克劳莱是纽约太勒木板公司的推销员。克劳莱承认他曾很多年、很多次告诉老资格的木料检查员，他们错了。而他也曾在辩论中得胜，但是对他却一点好处都没有。"因为这些木料检查员，"克劳莱先生说，"像棒球裁判员一样，他们'一旦决定，永不变更'。"

克劳莱先生发觉他的公司因为他争辩得胜而损失成千上万的金钱。所以在学习我的课程时，他决定改变策略，放弃辩论，不再试图证明别人的错误。

结果如何？下面是他对同班学员的叙述：

一天早晨，我办公室的电话响了，一位气愤烦躁的人在电话里告诉我，他对我们送到他厂里的一车木料非常不满意，他的工厂已经停止卸货，他要求我们立刻设法将货物从他们的货场运走。在卸下25%货物以后，他们的木料检验员说，木料在标准等级以下55%，在这种情况之下他们拒绝接收。

我立刻赶到他的工厂去，路上我一直思考处理这种局势的最好方法。在通常情况下，我会引证木料分级规则，用我自己做检验员的经验和知识，使那位检查员相信木料确实符合标准，是他误解了规则，但我想我还是应用在班中所学的原则。

当我到了工厂的时候，我看见采购代理人和木料检验员表情严肃，很不痛快的样子，很可能准备同我辩论、争战。我们走到正在卸货的货车旁，我请求他们继续卸货，这样我可以看看情况如何。

我请检验员照常进行检验，将拒收的放在一旁，并将合格的另外放一堆。看了一会后，我明白他的检验确实太苛刻，而且他又误解了规则。这批木料是白松，我知道这位检验员有丰富的硬木知识——但不是一位称职的、有经验的白松检验员。白松知识是我自己的特长。

我直接否定他的分级方法了吗？绝对没有。

我继续观察，渐渐地我开始询问为什么不满意。我没有一刻暗示这位检验员是错误的，我郑重声明，我询问的惟一原因，是为了将来把他们定的货准确发给他们。

用友善、合作的态度询问，并继续坚持他们将不满意的木板分开是对的，我使他温和起来，而我们彼此间的紧张关系也开始缓和了。偶尔，我小心翼翼地说一两句话，使他心中产生了这样的想法：也许在拒收的木料中，实际上也有符合他们购买标准的，其实他们需要更贵重的木材。但我很小心，不让他知道我要指出这一点。

渐渐地他的态度改变了，他最后向我承认他对于白松没有很多检验经验。他在每块木板从车上卸下来时，开始询问我，我就解释为什么这样一块是合乎规定标准的，但我继续坚持，如果木料不符合他们的要求，他们仍然可以拒收。

后来出现下面的情形：每次他将木料放在拒收的木料堆中时，他的神色就显出不安。最后他看出来，没有按要求订购木料，是他们的错误。

最后的结果是，在我走后，他将整车木料重新检验，接受全部木料，我们收到一张付足货款的支票。

单单只是在这一件事上，一点小手段——即避免“直接”告诉对方他是错误的，就可以使我的公司减少了一大笔现金损失，至于由此而留下的好感，更绝非可以用金钱来衡量的了。

附带的我要告诉你们，19 个世纪以前，耶稣说：“赶快向你的对手表示同意。”换言之，不要同你的顾客或你的丈夫、你的敌手辩论。不要告诉他，他错了，不要刺激他，只需用一点外交手段。

说服他人从欣赏开始

当我们听到他人对自己的优点加以称赞后，再去听一些不愉快的话，自然会感觉舒服一些。

我的一位朋友应邀到白宫做客。当他来到柯立芝总统的私人办公室时，他听到总统对他的女秘书说：“你今天穿的衣服真好看，你看起来既年轻又漂亮。”我朋友后来对我说，在他看来，这个女秘书并没有总统说的那么好。

柯立芝总统一向不爱说话，所以他最动人的称赞就显得非常珍贵有效了。这个称赞使女秘书感到意外，脸很快红了起来，甚至变得有点不知所措。柯立芝看到她的窘态，于是又说："干嘛这样难为情呢？我这样说让你高兴我也高兴。但从现在开始，我希望你必须注意一下你的缺点，这样所有人都会像我这样称赞你了。"

尽管柯立芝总统的话有些太直率了，但也体现了他对人的心理把握恰到好处。当一个人听到他人对自己的优点加以称赞后，再去听一些不愉快的话，自然会感觉舒服一些。前面的赞赏会淡化后面的建议给人心理带来的负效应，这正如理发师在给人修面前，先给人涂上一层肥皂一样。

历史的巧合总是惊人的相似。1896 年，麦金利就曾把这种说服他人的方法运用到了总统的竞选中。

当时一位知名的共和党人写了一篇竞选演说稿，他自认为写得很好。于是这位先生非常高兴地在麦金利面前大声读起来。虽然这篇稿子有其优点，但麦金利总觉得有些不合适，觉得里面有些内容会招来公众非议。麦金利必须在不妨害两人之间交情的前提下向他说"不"，让我们来看看他是怎样巧妙地处理这件事的？

"我的朋友，这的确是一篇精彩的演讲稿。"麦金利说，"你写的比其他人都好。在一般情况下，它很合适。但在今天这样的特殊场合，你看一看是否合适？也许你已认为它很合理与慎重，但我们必须从整个共和党的角度出发，来考虑它造成的影响。现在你回去，想想我的提醒，按照我的指示，再写一篇送过来。"他按照麦金利的意思做了。麦金利又帮他改了改，并最终敲定。也正是这篇演讲稿在后来的竞选活动中发挥了重大作用，使麦金利获得了成功。

1862 年，是美国内战最黑暗的一年。战争连续 18 个月，林肯的联军屡遭惨败，整个北方一片混乱。

数千名士兵从军中逃跑了，一些共和党的议员也开始叛乱，他们想把林肯赶出白宫。这是一个黑暗、忧愁、混乱的时期，林肯在这一年的 4 月

26 日给野心勃勃的胡格将军写了一封信。

信是这样写的：

“我让你担任波特马克的陆军总司令，当然我这样做，有自己的理由。但对于有些事情，我对你不是十分满意，我想我最好告诉你。

“在我的眼里，你是一位有勇有谋的将军，我对你十分欣赏，这是我让你担任波特马克的陆军总司令的理由之一。所以我也相信你能把政治和军事分清楚，你这样做是对的。当然，你的自信是一种有价值的不可缺少也很可贵的性格。

“在相当的范围内，有野心是有益无害的。但我想，你出于个人的意志，竭力阻挠波安斯将军指挥军队，这对于一个拥有卓著功勋的将军来说，你的做法很不妥，可以说是犯了一个错误。

“你最近曾说政府和军队都要一位铁腕人物。当然，我不是因为这个，也不计较这个，我才给你这样的任命。只有那些得到胜利的将领方能成为铁腕人物。我现在想要的是战场上的胜利，我可以将独裁权给你。

“无论什么时候，你和所有的指挥官都将得到政府的有力支持。但我很担心你以前给军队的那些风气，以及你对领导的非议和不信任。而现在你将面临着同样的非议和不信任，但是我将尽其所能帮助你消灭这种风气。

“当这种风气在军队中存在时，无论是谁，即使拿破仑在世，也无法指挥军队取得战争的胜利。现在你要注意，不可草率，要以旺盛的斗志和不懈的努力，挥军向前，取得胜利。”

从信中，我们不难看出林肯是怎样试着改变一位有野心的将军的。不知大家注意到没有，林肯在说到胡格的严重错误之前，先称赞了胡格将军。是的，那是严重的错误，但林肯没有这样说，而是更委婉，更富外交手段。信中隐含着一种严肃的谴责，但字面上却依然委婉诚恳，娓娓动听。胡格将军看到此信，能不由衷感动而甘愿效忠吗？

林肯写这封信仅用了 5 分钟，但它在 1926 年公开拍卖时，却卖了近 2

万美元，如果细算起来，它比林肯苦干半个世纪所积攒的钱要多得多，这一点是林肯生前所绝对想不到的。也正是因为这个缘由，使得它成为知名度仅次于林肯为五个儿子都牺牲而写给毕克斯夫人的那封哀悼信。

当然，你不是柯立芝、麦金利或林肯这样的伟人，但你应该知道这种说服他人的技巧对你的工作和生活也非常重要。

米勒先生和我一样，都是平凡得不能再平凡的人。我在费城讲课时，他给我讲了这样一件事：

米勒先生承包了一幢办公大厦的建筑工程。工程开始一切顺利，眼看工程就要完工，突然，负责供应楼内装饰材料的供应商出现了问题，声称不能按期交货了。这样，整个工程都将受到影响，不能按期交工，麻烦可就大了，不能在合同规定的日期内完工，那样米勒先生将承担巨额的罚款。

争吵、讨论都无济于事。于是米勒先生去纽约找那个负责供应楼内装饰材料的供应商。米勒先生径直走进供应商的办公室，对供应商说的第一句话不是指责，而是："你知道，你的姓在这个地区是独一无二的吗？"

供应商很吃惊："我不知道，我真不知道在这个地区是独一无二的。"

于是米勒先生说："今天早上我在电话簿中查找你的地址，看到电话簿中只有一个姓你的姓的，这难道不说明你的姓是这个地区独一无二的吗？。"

供应商说："是这样吗？"他很有兴趣地翻着电话簿，显得很骄傲。接着他又自豪地说："这个姓可不普通。在几百年前，我的祖父从荷兰贵族移民到这里……"

接着，那位供应商用了很长的时间谈论他的家族史。等他说完了，米勒先生又赞扬他一个人支撑那么大一个公司，能力非凡，还赞赏他公司生产的内饰材料比其他公司好得多。接下来供应商坚持要请米勒先生吃饭。在吃饭的过程中米勒先生又说了一些其他的事情，始终没说来访的目的。

直到饭局结束，供应商自己说："我自然知道你此行的目的，但想不到，你能给我带来这么多的快乐。放心吧，你要的内饰材料，我马上派人给你送过去。”

米勒先生没有提任何要求就达到了目的。那些材料准时送到，米勒先生也按期交工。在这种情况下，如果米勒先生也用大多数人的方法，去争论，结果肯定不会如此完美。

桃乐丝·路布鲁斯基是新泽西州福特蒙马斯的一个联邦信用社的分行经理。在我们的培训课中，她说起了下面的这件事：

“最近，我们雇佣了一个女孩当出纳员。这个女孩很会说话，和顾客打交道应付得很好，并且处理一些特别事情的能力也很强。可有一天结账时却出错了。当时出纳组长找到我，坚决要求让我把她解雇了。并说她干活很慢，影响了整个工作的进程，教她多次，都学不会。第二天我见她准确快速地处理着日常的业务，而且顾客对她也很满意。但很快我看到她在结账时又出了差错。

“下班后，我找她谈话，她开始很紧张。于是我先夸她很会和顾客打交道，工作效率也不错。

“随后我提议我们一起温习一下平衡现金的程序。她明白了我对她的用心，就放松下来，在我的悉心指导下，她很快熟悉了业务。从此再也没有出现过问题。”

从欣赏开始，就像手术前医生先给病人实施麻醉一样，麻醉能把痛苦减轻到最小程度，让病人更易接受。

学会利用自己的缺点

如果批评别人的人，开始先谦卑地承认自己也不是十全十美的、无可指责的，然后再指出别人的错误，这样就比较容易让人接受了。

几年前，我的侄女约瑟芬·卡耐基，到纽约来做我的秘书。那时的约瑟芬十九岁，高中毕业，没有办事经验。如今她已是一位很能干的秘书了。

刚开始的时候，侄女十分敏感脆弱，不禁世事，惹得我经常批评她。有一次，我想要批评她时，我先对自己这样说："不要急，且等一等，戴尔·卡耐基。你的岁数比约瑟芬大一倍，你处事的经验，也高过她很多倍。你怎么能希望她具有你的看法？你的判断力？你的见解呢？戴尔，难道你忘记了，在你十九岁的时候，你都做了些什么逆天的事呀？记得你那笨拙、愚蠢的错误吗？"

想过这些后，我发现侄女比我当年要强多了。所以从此以后，当约瑟芬出现错误时，我都会这样安慰她："亲爱的约瑟芬，你犯了一点错没关系，我以前也常常如此。一个人不是生下来就会判断一件事的，那是需要从实践中得来的。而且，我在你这样年纪的时候比你差多了。我至今还记得自己犯过很多可笑的错误，我不想为你的过错批评你……可是，如果你照这样去做，不是更聪明一点吗？"

后来，侄女的错误越来越少了。我袒露自己的缺点，让侄女找到了自信。

布诺亲王是一个圆滑的人，他深切地感觉到了袒露自己缺点的重要性。

当时德皇威廉二世是一个目空一切、高傲自大的人。他建设海陆军，欲与全世界为敌。德皇说了一些令人难以置信的话，震撼了整个欧洲，甚至影响到世界各地。最不可思议的是，德皇把自己那些可笑、自傲、荒谬的言论当着群众的面发表出来。他还允许《每日电讯》公开发表。例如，他说他是惟一一个对英国感觉友善的德国人；他正在建造海军来对付日本的霸权。德皇还表示，凭借他的力量，法、俄两国就不会使英国不屈服于他们的威胁之下。他还说，由于他的计划，英国诺伯特爵士才能在南非战胜荷兰人。

众所周知，一百年来欧洲没有一位国王会说出这样惊人的话来。对这些言论，欧洲各国的哗然、骚动，顿时蜂拥而至。英国非常愤怒，而德国的那些政客们，更是为之震惊。德皇也渐渐感到了事态的严重，有些控制不住局面了。于是他要布诺亲王代他受过，也就是德皇要布诺亲王宣称那一切都是他的责任，是他建议自己说出那些话来的。

可是布诺亲王并没有唯命是从，他说道："陛下，恐怕德国人或是英国人，都不会相信我会建议陛下说那些话的。"布诺亲王说出这话后，马上发觉自己这样说犯了一个错误——严重地冒犯了德皇。果然，他的话激起了德皇的愤怒。

德皇说："你认为我是一头笨驴，连你都不会犯的错误，而我却犯了吗？"

布诺亲王原本知道应该先作某种称赞，然后才指出他的错误，可是为时已晚了。他只有作第二步的努力：在批评后，再加以赞美。结果，奇迹立刻出现了。

布诺亲王恭敬地说："陛下，不是那种意思，是我没有表达清楚，我要说的是，陛下在许多方面都远胜过我，当然不只是在海军的知识上，特别是在自然科学方面。您每次谈到风雨表、无线电报等科学原理时，我总为自己感到惭愧，感觉自己知道的知识实在太少了……我很惭愧，对于各门自然科学都不懂，物理更是一窍不通，连极普通的自然现象我也不能解释。

但略为欣喜的是，我稍微知道一点历史，政治上的才能同时也有一点，尤其是外交上的才能。”

听了布诺亲王的话，德皇脸上慢慢地露出笑容来，因为布诺亲王称赞了他。很明显，是布诺亲王抬高了他，贬低了自己。经布诺亲王解释后，德皇宽恕了他，原谅了他。德皇高兴地说：“我不是常跟你这样讲嘛，你和我以彼此能相辅相成而著名，我们需要赤诚的合作，而且我们也都愿意去做。”

他不只一次同布诺亲王握手，而是很多很多次。那天下午，他紧紧握着布诺的手，说：“如果有人向我说布诺不好，我就用拳头打他的鼻子。”

布诺亲王及时救了他自己！他虽然是个手腕灵活的外交家，可他却做错了一件事。他开始应该谈自己的短处，指出德皇的长处……不能暗示德皇是个智力不足的人，是需要别人保护的人。

用几句卑微自己而称赞对方的话，就可以把盛怒中傲慢的德皇，变成一个非常热诚的人。请想一想，谦逊和称赞在我们的日常生活中，能对我们产生哪些效果？如我们用得适当，在人与人之间的关系上，真能发生不可思议的奇迹。

使错误看起来容易改正

你一定要让人相信，改进自己的弱点并不是那么困难，只要树立信心，终能改正过失。

我有一个朋友虽然到了不惑之年，但不久前才订婚。他未婚妻劝他学一点舞蹈，但这对他来说，或许太迟了。他告诉我说：“上帝知道，我真需要学跳舞。因为我现在跳起来，还是像二十年前开始学跳舞的水平。我的第一位老师说的是真话，她说我的舞步完全不对，必需从头学起。那使我很灰心。我无心再继续学了，所以没再让她教我跳舞。

“第二个老师虽然对我说谎，可是我听了很高兴。她冷淡地说，我跳的舞步虽然很老套，可是基本步伐是对的，她说我不用费太多时间就可以学会几种流行的新舞步。

“我之所以选中第二个老师，是因为第一个老师，因看重我的错误而打消了我学舞蹈的兴趣。第二个老师恰好相反，她不断地称赞我，减少了我舞步上的错误。后来，她还对我说：‘你有一种天生的韵律感，你确实是一位天才的舞蹈家。’但是我知道自己是一个什么样的人，但她的话增强了我对学跳舞的信心。不知为什么，在我内心深处，却希望她所说的也许是真的。

“无论如何，我现在所跳的舞步好多了。我感谢她，她那句话鼓励了我，给了我希望，并使我不断进步。”

的确，如果你告诉孩子、丈夫或是员工，他在某一件事上愚蠢至极，没有一点天赋，他所做的完全不对。那你就破坏了他想要进取、上进的信心。可是，如果运用一种相反的技巧，多给人们一些鼓励，把事情看得很容易。使对方相信，你对他有信心，他有尚未发掘出的潜力，那他就为了争胜而努力去做。我现在举一个例子：星期六晚上，詹姆士夫妇约我一起玩桥牌。桥牌这游戏我一窍不通。“不，不，我不会！”我不得不这样说。

詹姆士说：“戴尔，桥牌这游戏没有什么技巧，在玩桥牌时，只要用点记忆和判断就行了。你曾写过一章关于记忆方面的文章，所以桥牌对你是一项极容易学会的游戏，你会成为桥牌天才。”于是，我有生以来第一次坐在桥牌桌上。那是由于詹姆士说我有玩桥牌游戏的天赋，使我感觉这种游戏并不难。

谈到桥牌游戏，我便想起克伯逊先生。对于玩桥牌的人来说，克伯逊这人尽人皆知，因为他所写的有关桥牌的书籍已经译成十几种语言，销售发行的数量不下 100 万册。可是，他曾经这样跟我讲过：如果不是一个年轻漂亮的女孩告诉他，他有玩桥牌的天赋，他绝不会以玩桥牌这种游戏为职业。

那一年，他第一次来到美国，他打算找一个教哲学或是社会学的职业，可是想象很美好，事实却总是很残酷。他尝试做过很多工作都失败了，最后，他替人家推销咖啡，也一无所成。那时候，他并没有想到去教人玩桥牌游戏。他不但是个不精于玩牌的人，而且很固执。他常会找出一些很麻烦的问题去问对方，因此谁也不愿意跟他一起玩牌。后来他遇到一位美丽的桥牌老师迪伦女士，对她产生了爱情，他们就结婚了。当时，迪伦就注意到他玩牌时总是十分细心地分析自己手里的牌，于是说他对于桥牌有潜在的天赋。就是由于迪伦那句话的鼓励，使他后来成为职业的玩桥牌专家。

第三辑

控制忧虑让烦躁远离自己

chapter　3

引语

我在夜校教授成人班的时候，体会到忧虑是这些人另外一个重大的问题。我的学员大部分是上班族——各行各业的主管、推销员、工程师、会计，而他们大多数都有问题。班上也有女性——职业妇女及家庭主妇。她们不能免俗，也有她们的问题！显然我又需要讲忧虑的课了。我试着找一些书来参考。我到纽约 50 街及 42 街的公共图书馆去，好玩的是，没想到以“忧虑”为书名的书只有 22 本。而“虫类”方面的书却有 189 本，几乎是前者的 9 倍。

很奇怪吧？既然忧虑是人类所面临的最大敌人，你一定会以为每一所高中、大学都应该有一门课叫做“如何克服忧虑”吧？或者是某所大学有过这么一门课，只是我从来没听过？也难怪《如何正确地烦恼》一书的作者席柏瑞会说：“我们从来不为应付压力预做准备，因此，往往就像要一只书虫去跳芭蕾舞一样。”

结果呢？医院里一半以上的病人，都是因为紧张及情绪困扰而引起疾病住院的。所以，我对人性中的忧虑情怀比较感兴趣，不断探讨其中的奥妙。

我曾经将一套克服忧虑的准则教给学员，请他们回去实际运用，再回到班上报告结果。也有些学员报告的是过去运用有效的一些方法。

我可以假定自己是世界上听过最多“克服忧虑”演讲的人。除此之外，我还看过成千上百的“克服忧虑”的经验——有些是人家寄给我的，还有一些是在班上得过奖的。总之，这堂课绝非来自象牙塔，也不是如何克服忧虑的学院派讲座，而是一个记录成千上百位成年人克服忧虑的报告。这绝对是一堂实用的课。

法国哲学家华莱理说过:“科学，就是把许多成功的秘诀收集在一起。”在这些经得起时间考验的克服忧虑的成功事例中，相信你会发现一些不常用的方法。事实上，你我都不需再学什么新观念，我们所认知的已足够引导我们享受快乐的人生。我们都熟知做人的道理，我们的问题并非无知，而是无作为。

忧虑是人生最丑陋的皱纹

生命并不是一帆风顺的幸福之旅，而是时时摆动在幸与不幸、沉沦与浮光之间。我们在意的事情太多，每天都被各种烦恼和忧虑包围着，我们总是喜欢夸大事情的消极后果，自己吓唬自己。如果我们觉得预期的事没有如愿发生，我们就会觉得很恐怖，难以接受。我们在这日复一日的忧虑中未老先衰。是的，再没有什么比忧虑使人老得更快。

忧虑如同慢性毒药，会让我们愁容满面，甚至一夜白头。而解毒的良方，就是培养阳光心态。

美国总统杰克逊在世时一直担心自己会得中风，因为家中有好几个人死于瘫痪性中风了，似乎这是谁也逃不过的厄运。

一天，他正和一位小姐下棋，突然他双手垂下，面色苍白，呼吸沉重，整个人看上去异常虚弱。

“最后它还是来了，”杰克逊无力地说道，“我得了中风，整个右侧瘫痪了。”

“你怎么知道的呢？”下棋的小姐不解地问。

“我刚才在左腿上掐了好几次，可一点感觉也没有。”

“可是，先生，”那位和他下棋的小姐说，“你掐的是我的腿啊！”

心中的世界什么样，你的世界就会是什么样。能成大事业的人，都善于舒散心情，他们多半有着豁达的胸怀和开朗的性格，能够在繁忙激动之后，放松自己，享受宁静，静观外界发展，筹算未来的进度，并恢复元气和冲力。

忧虑是我们走向成功的一大天敌，它剥夺了我们的快乐，使我们对生活丧失了信心和勇气。忧虑会使我们一事无成。

古时候，有个皇帝整天忧心忡忡。他担心敌国入侵，害怕王宫的珍宝被盗，怀疑大臣们不忠……总之，自从他当上皇帝那天起，他就每天都会被恶梦惊醒。

一天，皇帝站在城墙上望着忙碌的百姓，心想：他们过得快活吗？我都如此的不快乐，真难以想象他们过得是什么样的日子。

他找来最破旧的衣服扮成乞丐，打算去王宫外看个究竟。

傍晚时分，皇帝来到了郊外的一座破旧的农舍前。一位头发花白的老者正坐在昏暗的厨房里吃着一小块馒头，但笑容却灿烂无比。皇帝忍不住走进去问道：“你怎么这么快乐？”“我是个手艺人，靠做木工活为生，今天赚了足够的钱，晚饭有了着落，当然开心了。”“如果明天你赚不到钱，你还会开心吗？”皇帝问。老者看了看一脸愁容的“乞丐”，笑着说道：“开心和不开心都是自己决定的，跟别人没关系。”说完，他把馒头切成两半，将一半分给了“乞丐”。

皇帝回到宫殿后很不解：“快乐怎么能由自己决定呢？我要考验考验他，看他能快乐多久。”于是皇帝连夜颁布一条法令——城里的所有木匠必须到皇城门口站岗一个月，并规定站岗的酬劳得等到月末才发。

第二天早上，那位老者当然也被侍卫长抓到城墙外站岗，直到天黑才放他回家。晚饭时间到了，皇帝急忙换上乞丐的装束，又去了老者的家，他暗自得意：看你还开心不开心！

到了老者家，老者依旧热情地邀请这位昨天认识的“乞丐”共进晚餐，桌上不仅摆放着馒头，还有白酒。皇帝好奇地问：“你今天的晚餐怎么如此丰盛？”老者笑着说：“我奉命去城门站岗，到月末就能拿到酬劳，所以我去当铺当掉了站岗时发给我的佩剑。你瞧，咱们现在不仅有馒头吃，还有酒喝，这是多么开心的事啊！”“这可是会杀头的啊！”皇帝故意惊叫道。“没关系，等月末发钱了我就可以赎回那把剑了。”皇帝又问：“没了佩剑，你怎么站岗啊？”“我可以做个假的，放在剑鞘里不会看出来的。”老者胸有成竹地说。

第三天早上，皇帝来到城门口，看到老者的“佩剑”插在剑鞘里，一点也看不出来是假的。正在这时，对面一阵骚动，一个面有饥色的乞丐偷了行人的钱，正好被侍卫长逮个正着，四面的人都跑来围观。侍卫长严厉地说：“偷盗的惩罚是砍手。你，”他对着正在站岗的老者招了招手，“用你的佩剑把小偷的右手砍掉。”

老者的处境可真是很糟糕，首先他不想砍乞丐的手，另外他的“佩剑”是假的，一旦被发现他也会人头落地，连皇帝都替他捏一把汗。就在这时，老者仰头大声说：“神啊，如果这个人罪大恶极，请赐予我力量砍掉他的右手；如果他是迫不得已，值得饶恕，请把我的铁剑变成木头的吧！”

说完他假装使出全身的力气抽出了佩剑。围观的群众惊呼起来：“剑变成木头的了！神显灵了！”侍卫长也惊呆了，只好放了那个乞丐。

从此，木匠成了皇帝最器重的大臣之一。

俗话说，世上本无事，庸人自扰之。忧虑使很多人不敢尝试，害怕涉足未知的领域，没有勇气面对失败。忧虑的人往往把困难和危险放大，当你真的走进时，那些只是虚无缥缈的幻觉。其实栅栏并不高，难以逾越的只是栅栏的影子。

既然忧虑是魔鬼，是毒药，难道我们就任由忧虑肆意摆布我们的命运吗？其实忧虑是可以征服的，不管遇到什么事只要做最好的准备，做最坏的打算。不妨经常问问自己：这件事最糟糕的结局会怎样？这种结局的可能性有多大？

有位商人就是这样走向成功的。刚开始他做什么都不顺利，他曾经也忧虑过，后来他发现忧虑对他一点帮助都没有，畏手畏脚，反而让他失去了很多机会。于是他问自己："最坏的结果是什么？公司破产，负债累累。会死人吗？当然不会。只要我还活着，一切都有可能。"这样他轻松了很多，他以一种轻松的心态工作，工作也变得轻松了，因此他一步一步走向了成功。

卡尔·道格拉斯说得好："别把生命看得太严肃，反正你不可能活着离开。"倘若一个人能勇敢而自信地迎接一切不幸，能坦然地面对一切苦难，一路走来即使没有鲜花和掌声，幸福和快乐一样可以照亮整个心田。

健康问题可能是忧虑引起的

忧虑能让人患病，能杀死人，即使是最强壮的人也不例外。诺贝尔医学奖得主卡雷尔博士曾经说过："不会对抗忧虑的人，往往英年早逝。"事实上这句话对任何人都适用。忧虑就像不断下滴的水珠，滴答……滴答……滴答声伴随着无穷无尽的忧虑，让人精神失常乃至自杀。

几年前，我与葛伯医师——圣太菲铁路公司的医药主管一起度假，开车穿过得克萨斯州与新墨西哥州。他正式的职称应该是海湾区科罗拉多与圣太菲医院协会首席医师。我们谈起忧虑的害处时他说："如果能祛除恐惧与忧虑，七成的人就不用去医院了。我的意思不是说人的病是想象出来的，他们的疾病跟牙疼一样真实，甚至比它严重上千倍。我的意思是很多疾病来自忧患，比如说那些消化性疾病、胃溃疡、心律不齐、失眠、头痛，甚至某种瘫痪。恐惧产生了忧虑，忧虑造成了紧张，影响胃部的神经系统，改变胃液的分泌，引起胃溃疡。”

蒙泰格医师在其著作《紧张引起的胃疾》中也做过类似的论述。他说过：“食物本身不会引起胃溃疡，引起胃溃疡的是折磨你的心事。”一个名叫亚维瑞的医师也曾说过：“溃疡随着情绪的压力起伏。”亚维瑞医师之所以这样认为，是因为他在自己的诊所内为1.5万名胃疾病患进行的研究证实了这一点。他发现，这1.5万名胃疾病患者，其中80%并无真正的病因，恐惧、忧虑、憎恨、过度自私，以及调适不良才是胃疾与溃疡的最大原因。而胃溃疡可致人于死地，据《生活杂志》报导，胃溃疡已高居第十大死因。

亚维瑞医师所在诊所的海宾医师在美国医师协会年会上宣读了一份报告，报告中称，他研究了200位平均年龄44.3岁的企业主管发现，约有1/3的人被紧张所引起的三种病痛所困扰——心脏病、消化性溃疡以及高血压。很难想象，这些人在45岁前就受到了这种病痛的折磨，为工作所付出的代价太大了。更可悲的是，他们还不能因此获得成功。即使成功了，你能想象一位以胃溃疡或心脏病换取成就的人是真正的成功者吗？一个人失去健康，即使赢得全世界又有什么用？即使他拥有全世界，他一个人也只能睡一张床，一天也不过吃三餐。

有人说，半数以上的病床上躺着的病人都是神经紧张型的。也就是说，这些病人的问题不是病理上的，而是挫折、焦虑、烦恼、恐惧、绝望等情绪所引起的。所以，柏拉图说：“医师所犯的最大错误，就是他们只管头痛医头，脚痛医脚，从不打算医治病人的心理，其实人是身心合一的，怎么能分开呢？”幸运的是，随着医学的发展，人们逐渐认清了这个真理。在美国，心理治疗开始发展成为一种新医学，很多医生在治疗病人的时候都能兼顾身心两方面。医学的进步已有效控制了例如天花、疟疾，黄热等曾剥夺千万人生命的疾病，但再好的医生也无力解决不是因细菌引起的，而是因忧虑、恐惧、憎恨，挫折与绝望引起的疾病。其实，这些因情绪困扰引起的疾病，死亡率正在急速升高。第二次世界大战时期，美国国内征募新兵时，有1/6的年轻人因为心理因素而不能成为一个合格的军人。

人为什么会丧失理智？没有人了解所有的原因，不过恐惧与忧虑可能是相当有分量的因素。焦虑困扰得人们不能在现实的世界中调适自我，只能渐渐退缩到自己想象的世界中，在自己的小天地里就不再忧虑。

我桌上一直放着一本波德斯基医生所著的书，名字叫《停止忧虑而后痊愈》，这是我最喜欢看的一本书。书中列举了忧虑对健康的一些影响，比如说：忧虑对心脏的影响、血压因忧虑而升高、忧虑可能引起感冒、忧虑引起食欲不振……

另一本有关忧虑的书是曼宁格医师所著的《与自我为敌》，书中并未教人如何克服忧虑，倒是揭露了一些可怕的事实，我们如何因焦虑、挫折、仇恨、厌恶、抗拒与恐惧而不自觉地摧毁身心。

忧虑能使最坚强的人生病。美国内战末期，格兰特将军就曾发现这种状况。当时的情形是这样的：

格兰特围攻里奇蒙德有九个月之久，李将军手下衣衫不整、饥饿难忍的部队被打败了。有一次，好几个兵团的人思想不集中。其余的人在他们的帐篷里开会祈祷——叫着、哭着，看到了种种幻象。眼看战争就要结束了，李将军手下的人放火烧了里奇蒙德的棉花和烟草仓库，也烧了兵工厂，然后在烈焰笼罩的黑夜里弃城而逃。格兰特乘胜追击，从左右两侧和后方夹击南部联军，而由骑兵从正面截击，拆毁铁路线，俘虏了运送补给的车辆。

由于剧烈头痛而眼睛半瞎的格兰特无法跟上队伍，就停在了一个农家。“我在那里过了一夜”，他在回忆录里写道，“把我的两脚泡在加了芥末的冷水里，还把芥末药膏贴在我的两个手腕和后颈上，希望第二天早上能康复。”

第二天清早，他果然康复了。可是使他康复的，不是芥末药膏，而是一个带回李将军降书的骑兵。

“当那个军官到我面前时，我的头还痛得很厉害，可是我一看到那封信的内容，我就好了。”

显然，格兰特是因为忧虑、紧张和情绪上的原因才生病的。一旦他在情绪上恢复了自信，想到他的成就和胜利，病就立刻好了。

如果要看忧虑造成什么影响，我不用去查书或询问医生，只要从书房的窗户望出去，就能看到某一家因为忧虑造成精神崩溃，另一家的男主人因忧虑而引起糖尿病。如果我要提醒自己忧虑有多大的杀伤力，我甚至不用看窗外，我所居住的房子以前的屋主就是因忧虑而躺进坟墓的。

关于忧虑，我曾经与漂亮的好莱坞影星默尔·奥伯伦有过一次交谈，默尔·奥伯伦告诉我她能拒绝忧虑，因为她清楚地意识到：忧虑将摧毁她金色年华的主要资产，也就是她的如花美貌。

默尔·奥伯伦对我说，她当初在娱乐界打天下的时候，内心充满担心和害怕。因为她在伦敦一个熟人也没有，没有一位制片人雇佣她，眼看着手边的一点点钱快用完了。有一段时间，她只有靠饼干、清水度日，她不只忧虑，她还饿肚子，但是她知道，她惟一的本钱就是自己的相貌，而忧虑却能把它摧毁。所以，她决定立即停止忧虑，因为她根本担当不起。

没有什么比忧虑对一个女人的容颜杀伤力更大的了，忧虑会让女人迅速起皱纹，脸色变得难看；忧虑会破坏一个人的生理平衡，使女人的头发变白、脱落。

心理学家威廉·詹姆斯说：“上帝可能原谅我们的罪过，我们的神经系统却不能。”

有一项事实真是惊人而又不可思议的，每年有更多的美国人由于忧虑而自杀。当我还是密苏里州的乡下少年时，有一次在教堂听到有关地狱炼火的描述，把我吓得半死。但牧师没有提到炼狱的可怕，而是讲述了由于目前的忧虑及恐惧而付出的身心代价。如果你是个经常忧虑的人，你可能有一天会得心绞痛，这是一种极端痛苦的毛病。你希望自己健康长寿吗？远离忧虑就可做到。最后，我再借用雷尔博士的一句话：“在现代紧张的都市生活中，保持内心平静的人，才能免于精神崩溃。”

你还会为明天而忧虑吗

我们所有的人都拖延着不去积极地投入生活。我们向往着天边有一座奇妙的玫瑰园，却不注意欣赏今天就开放在我们窗口的野花。我们总是不能及早领悟：生命就在生活里，就在每天的每时每刻之中。

威廉·奥斯勒爵士是他那个时代最著名的医学家，他创建的霍普金斯医学院闻名全球，他本人也被牛津大学医学院聘为客座教授，他还获得了英国医学界所能得到的最高荣誉——被英王封为爵士。他去世后，他的人生经历被人写成了厚厚的两本书。

在很多人看来，这样一位成功人士应该具有“特殊的大脑”，其实不然，威廉·奥斯勒爵士自己说过，他的头脑普普通通。他在读书求学的时候也像所有的人一样，整天为学习发愁：期末考试怎样才能通过？毕业后该做什么工作？怎样才能出人头地？如何才能追到自己心仪的女生？……然而，幸运的是他在一本书里看到了一句话，让他无忧无虑地度过了一生，这句话就是：每天最重要的事情不是去想模糊的明天，而是去做手边清楚的事情。

当他成为最著名的医学家时，有人问起他成功的秘诀时，他说是因为他只活在今天的方格中。很多人不理解他这句话是什么意思。奥斯勒爵士巧妙地用轮船打比喻解释这件事，他说：人体的结构都比大轮船要复杂得多，走得航程也遥远的多，只有活在一个完全独立的今天中，才能确保安全。在轮船的驾驶室中，人们会发现那些大隔断都有自己的作用。按下一个按钮，就会有一扇铁门将船舱隔断——隔断那些已逝去的昨天，再按下一个按钮，就会出现另一扇铁门，隔断那尚未诞生的明天。这时，你就生活在完全独立的今天里了。切断过去，切断那些让人走入歧途的昨天；把未来关在门外，未来就在今天，从来不存在明天。精力的浪费、精神的苦闷，会紧紧纠缠那些为明天担忧的人。每个人要养成一个好的习惯，那就是生活在完全独立的今天里。

当然，我们不要误以为奥斯勒爵士不要人们不用下工夫为明天做准备，他是说，集中所有的智慧、所有的热忱，把今天的工作做得尽善尽美，就是迎接明天的最好方法。

耶稣曾经说过："不要去想明天的事，明天的事明天再想。"可是有太多的人不遵守耶稣的这句话，他们常常说："我一定得为明天着想。我一定得事先计划准备。"当然，准备是必须的，随着时代的发展，耶稣的这句话也有了新的解释，它现在的意义是："不要为明天焦虑。"但不意味着不为明天准备，其中的区别很容易分清楚。

尽量为明天做好周全的计划，但是不要为明天担忧！

第二次世界大战时，海军上将金恩为明天做准备，但是他忙得没时间担心。"我已派出最精良的配备和最优秀的人员。"金恩上将说，"也指派给了他们最明智的任务，这是所有我能做的了。"

金恩上将又说："如果船舰被敌军炸沉了，我一定不能捞起它；如果它注定要沉，我也不能阻止它。我得善用时间解决今天的问题，这样才能把握明天，担心和忧虑对明天毫无益处。再说，如果我为这些事操心，那我一定活不长。"无论战时或平时，思想优劣的差异在于：好的思想处理方法和后果可以导致逻辑和建设性的计划，而差的思想处理方法却常导致压力与精神崩溃。

苏兹贝格是世界大报之一《纽约时报》的发行人，我有幸采访过他。苏兹贝格告诉我，第二次世界大战横扫欧洲时，他害怕极了，整天惊慌失措，担忧未来，常常失眠。他常常半夜爬起来对着镜子画自画像，借此消除忧虑。苏兹贝格告诉我，他从未能真正消除忧虑，得到心灵的平安，直到有一天他看到赞美诗中的一段话：

“恳请慈光引我前行，

照亮我的步履；

不求看清远方，

但求眼前明亮。”

也就在二战时期，一位在欧洲服役的年轻人也有同样的教训。他是来自美国马里兰州巴尔的摩市的泰德，诸多事情给他带来的忧虑已使他精神衰弱。

他住进了陆军诊疗站，但是，一位军医给了他改变一生的忠告。

泰德经过了全身检查之后，医生坦率地告诉他毛病出在心理。医生对他说：“想治愈你的疾病，你就要把人生想成一个沙漏，上面堆满成千上万的沙粒，它们只能一粒一粒缓慢平均地通过瓶颈，你想想，怎么也没有办法让一粒以上的沙粒同时通过瓶颈。你我都好比是沙漏。我们每天都有一大堆事情去完成，如果我们不去一件一件按部就班地去处理，像一粒粒沙通过沙漏颈，我们就可能对自己的生理或心理系统造成伤害。”

自从听过这位军医的一席话后，泰德一直生活在这个理念中：一次一粒沙，一次一件事。直到今天这句话对他仍有极大的帮助。

一个有着丰富临床经验的医生说，医院内有一半以上的病人是因为精神心理问题而病的，他们都是被昨日的负担与对明日的恐惧压得透不过气来。这些人根本不必住院，应该过着快乐而有意义的生活，只要他们真正相信耶稣的话：“不要担忧明天。”或是如奥斯勒爵士说的：“活在今天的方格中。”

我们每个人都站在过去与未来永恒的交会点上，我们不可能活在过去与未来任何一种永恒中——即使一瞬间也不可能。但是如果你勉强要这样，只会摧残身心。让我们善用能把握的时间吧：从这一刻到今晚上床。“如果只是一天，不论多重的负担，人都能背负。”美国政治家史蒂文森说，“如果只是一天，不论多难的工作，人都能努力完成，如果只是一天，任何人都能活得快乐、有耐心、仁慈与纯洁。其实这些也就是生命的真谛。”

罗斯太太就因为没有体会到这一点，陷入绝望，几乎自杀。

罗斯太太生活在密西西比州，这一年她的丈夫去世了，突如其来的打击让她痛苦不堪，也打乱了她的生活，她感到极度的颓丧。然而她不得不独自面对生活的压力，她必须马上去找一份工作，来缓减家庭经济危机。为了给丈夫治病，家中一切值钱的东西都已变卖了。罗斯太太以前是推销百科全书的。于是，她给她过去的雇主写了一封信，希望让她回去做以前的工作。

老板同意她重新回去工作。为了重新工作，罗斯太太借钱分期付款买了一部二手车，开始出去卖书。本来她以为，重新工作可以让她从丧夫之痛中解脱出来。可是，一个人的孤独生活却让她实在无法忍受。加上自己挣的也不多，每月还要偿还分期付款的车钱，罗斯太太觉得自己快要被拖垮了。

孤独、沮丧的罗斯太太对生活渐渐失去了信心。每天早上从睁开眼那一刻开始，她就开始担心：不能按时付车钱、交不出房租、没有食物可以吃、身体突然生病……有时候她甚至想一死了之，但惟一没让她有这样行动的原因是她怕姐姐因为她的死而悲伤，而且她的姐姐也没有足够的钱来支付她的丧葬费用。

就这样，罗斯太太在痛苦的煎熬中痛苦地活着。直到有一天，她偶尔看到自己一辈子都不会也不可能忘记的一句话：对每个人来说，每一天都是一个新的生命。

罗斯太太发现，不想过去和明天，试着只活一天并不困难。她学会了忘掉过去，也不想将来。她把这句话写下来贴在房门的镜子和汽车的挡风玻璃上，以便让它时刻提醒她：今天又是一个新的生命。

渐渐地，罗斯太太度过了那段沮丧生活带给她的困扰。心态的改变让她每天都能很高兴地生活，工作也有了起色，薪水也涨了不少，她觉得生命中充满了阳光和快乐。

有人说："人们常为昨天与明天的面包涂果酱，却总忘了为今天的面包涂抹黄油。"我们大多数人都是这样，总忘了为今天的面包涂上厚厚的果酱。但丁说："想想今天一去不复返。"生命流逝得多么快，以距离论，我们得用光的速度才能追上它的脚步。"今天"是我们最珍贵的资产，也是惟一确定拥有的资产。法国哲学家蒙田说："我们人生绝大部分的忧虑，其实从未真正发生。"我也是这样的，相信你也不例外——我们都不例外——不要让忧虑成了我们致命的弱点。

老老实实去接受既成事实

在漫长的人生岁月中，每个人都会碰到一些令人不快的情况，我们可以把它们当成不可避免的情况加以接受，并适应它们；或者，我们也可以让随它们而来的忧虑毁掉自己的生活。

很多时候，我们只能老老实实去接受既成事实。

小时候，我和几个朋友爬到老木屋顶上玩，我爬下屋顶时，在窗沿上歇了一会儿，然后跳下来。我左手食指上戴着一枚戒指，往下跳时，戒指钩在钉子上，扯断了我的手指。

我十分害怕，大声尖叫着，我想我可能会死掉。但等到手指创伤愈合，我就再也没为它操过一点儿心。担心既成事实有什么用？从那以后，我学会了接受不可改变的事实。现在，我的左手只有大拇指和另外三根手指，但我已经忘记了自己的手是残缺的。

有一年，我在纽约市中心的一座办公大楼的电梯里遇到了一位先生，我看到他的左臂有点不对劲，一问才知道他的手臂由腕骨处切除了。我问他这是否会令他烦恼，这位先生回答说："哪里会？我已很少想起它了。只有在穿针引线时觉得不便。"

对于既成事实，很多人不会在意太久，很多人在不得已时几乎可以接受任何状况，调整自己，适度遗忘，而且速度惊人。

荷兰阿姆斯特丹有一座15世纪的教堂遗迹，去过那里的人都会对那里的题词印象深刻："事必如此，别无选择。"

每个人在有生之年总会遇到许多不快的经历，无可逃避，无法选择。我们只能接受不可避免的事实做自我调适，多做抗拒不但可能毁了自己的生活，而且也许会精神崩溃。威廉·詹姆斯曾说："心甘情愿地接爱吧！接受事实是克服任何不幸的第一步。"

伊莉莎白·康莉在经历了无数困难的折磨后，懂得了老老实实去接受既成事实的生活法则。美军在北非取得胜利，人们快乐地庆祝美军凯旋时，康莉陷入了无比的悲痛之中，因为她收到国防部的通知，她的侄子在战场上失踪了。侄子是她最爱的人。过了一段时间，她又接到通知，她的侄子已死在战场上……

侄子的逝世让康莉痛苦万分，也打乱了她原本平静的生活。在这件事之前，康莉是一个乐观的人，并且热爱生活，热爱工作，她在侄子身上花了许多心血，将他培养成人。在她的眼中，侄子有所有年轻人的优秀品质，她觉得以往所付出的一切，现在都会有收获……侄子是自己的希望，然而，现在一切都破碎了，她没有理由活下去了。

从侄子离世开始，康莉开始痛恨这个世界，她不理解，世界为什么这样不公平，为什么这么优秀的年轻人，在刚开始自己生活的时候，就被剥夺了生命？

失去侄子的打击让她失去了对工作的兴趣，在悲痛中，康莉决定辞掉工作，远走他乡，避开所有的一切。

在康莉准备辞职的时候，她在抽屉里看到了一封信，这是一封她已经忘了的信，是几年前她的母亲去世后侄子写给她的。信上说：“当然，我们都会怀念她，尤其是你，我相信你不会因此过于悲伤，并且会撑过去的。我一直都记得你教我的那些生活真理。记得你教我要坚强，要像一个男子汉，勇敢接受所发生的事情。我做到了，你能做到吗？”

霎那间，这封信给了康莉极大的震撼，就像阴天里的阳光，让她感觉到侄子就在自己的身边，正在对她说：“你为什么不按你教给我的办法去做呢？一定要勇敢撑下去，不论发生什么事情，用微笑去面对它，继续活下去。”

被悲痛困扰很久的康莉好像清醒了很多，她告诫自己：事情到了这个地步，已经没办法挽回，她只能够像侄子所希望的那样勇敢地活下去。

康莉开始接受现实，重新振作精神，把所有的精力都投入到了工作中。她写信给那些在前线的士兵，那些还活着的别人的儿子，给他们鼓励。晚上，她参加了成人教育班，培养新的兴趣，结交新的朋友。她逐渐忘记了那件让她痛苦万分的事情。现在，康莉每天的生活都充满了快乐和笑声。

如果我们挣扎愁苦，也不能改变事实分毫，我们惟一能改变的，只有自己。我知道，因为我试过。

不久前，我采访了好几位美国的企业领袖，我印象最深刻的是他们面对现实的态度，以及无忧虑的生活方式。他们如果做不到这一点，早就在压力下粉身碎骨了，这里有几个实际的例子。

全美连锁百货公司的创始人潘尼告诉我说：“即使我赔得一文不名，

我也不会烦恼，因为我看不出烦恼能带给我什么。我已尽力，其他的交给上帝。”

亨利·福特也说过类似的话：“当我无法处理时，我把它们摆在那儿顺其自然。”

我请教克莱斯勒汽车公司总裁凯勒，问他如何排除忧虑，他的回答是：“当我面对艰难处境时，能做的，我尽量努力；如果不能，我就把它抛诸脑后。我从不担心未来，因为我深信没有人能预知未来，影响未来的因素太复杂了，没有人能猜准时间，或全盘了解。那又何必为它操心呢？”如果说凯勒是位哲学家，他大概会难为情。他是精明的生意人，却与两千年前古罗马著名的斯多噶派哲学家爱比克泰德的哲学理念一样：“快乐之道仅此一途，就是不去烦恼无法掌握的事。”我们应该学着做到诗人惠特曼所说：“让我们学着像树木及动物一样顺其自然，面对黑夜、风暴、饥饿、荒谬、失意与挫折。”对必然之事轻快地接受，就像杨柳承受风雨，只有这样，我们才能摆脱忧虑的困扰。

聪明的人不纠结过去的事

过去的事，哪怕就算是十秒钟以前发生的事情，我们也无法改变，更不可能回过头来纠正它。我们惟一能做到的是，我们可以想办法改变之前发生的事情的影响，但无法改变当时所发生的事实。如果发生了错误，惟一让错误有价值的方法就是很平静地分析错误，从中吸取教训——然后再把错误忘掉。

尽管很多人知道过去的事情已经无法改变，可是大部分人却仍会为过去的事烦恼，这是人性的弱点。

或者这样说，很多人都知道这个道理，但是都缺乏能永远保持这个道理的勇气与理智。还是让我用亲身的经验来回答这个问题吧!

我曾让自己在瞬间损失 30 万美元。事情的经过是这样的：我创办了一个成人教育公司，并在很多城市有分支机构，为了拓展业务，我在广告方面投入很大。因为自己忙着讲课，就没有时间去管财务的事，但我也没想到请一个经理来帮我经营财务。

公司开了一年，生意红红火火的，但在一年之后，我发现虽然我的收入极高，但银行里的账户却没有任何盈余。我这时才意识到，我应该立即采取两项行动。第一是应该像我的朋友卡佛一样，他一生的积蓄 4 万美元无法从银行取回后，有人问他知不知道自己破产了，他回答说："听说了！"就继续上他的课。这笔损失完全没在他心上留下任何痕迹，他后来也从未提及。我应该像他那样淡定吗?

第二，我该做的是找出不能盈余的原因，分析我犯的错误，学习有用的教训。

但是，意识归意识，实际上我什么也没做，倒是开始忧虑了，在很长时间内都惶惶然，开始悔恨自己没有把公司经营好。我不能自控，这时我才觉得，教导自己比教导别人困难多了。

我曾期望在纽约的华盛顿高中就读，而且让勃兰湾医生教导，因为我敬佩的桑德士就是他的学生。桑德士在勃兰湾医生的卫生课上学到了最有价值的一课。桑德士当时还是个少年，可是已经有烦恼了，因为他常为做错的事悔恨。往往在考试之后，他就为一道错题而失眠啃手指，担心通不过考试。

直到有一天，老师改变了桑德士的忧虑情怀。一天早上，桑德士到实验教室上课，老师的桌边上放着一瓶牛奶，当全体学生都坐下后，看着牛奶，不知道这跟卫生课有何关联。忽然之间，老师站起身来，一不小心将奶瓶碰掉在地上摔碎了，牛奶洒了一地，桑德士和同学们惊叫起来，正在他们为老师打翻牛奶而懊恼时，只见老师将碎了的奶瓶一把扫入水槽，并大声说："不要为泼翻的牛奶哭泣！"

老师让学生们围在水槽边看着那些碎片，并且说："我要你们一辈子记牢这一课。看清楚！牛奶流走了——你看到它流入水管，什么也不能把它收回来。瓶子碎了，谁也无法让它复原。如果我们事先防范，可能可以保住牛奶。但现在太迟了——我们只能忘了它，去做下一件事。"桑德士说那一堂课给他留下了深刻的印象，甚至带给他的实际影响比高中四年的任何课程都要大，从那件事上，桑德士懂得了，事前要尽量做好防范，可是一旦不幸的事发生了，就应该完全忘了它。

对于这样的说法有的人可能不以为然，这种道理谁不知道？我听过几千次，但是，很多人意识不到，这个简单的道理正是人类世代沉淀下来的智慧，是父传子、子传孙的生活体验。

如果我们真去身体力行——而不是嗤之以鼻——我们根本就不需要去努力排除忧虑了。再说，我们要是完全按照格言生活，我们就都可以过十分完美的生活。然而，未经运用的知识是没有力量可言的，而这节课的目的也不是传授新知，而是提醒你已知的事，并激励你实际应用它们。

雪德曾任《费城公报》主编，我很仰慕他，他能用图画去诠释真理。有一次在大学演讲时，他问学生："有多少人锯过树木？请举手。"大部分人有过这种经验。

他又问："有多少人锯过木屑？"没有人举手。

雪德的意思是，你不能锯木屑，因为它已经被锯过了，就像过去的事一样。担心过去发生的事，正如同你试图锯木屑一样于事无补。

康尼·麦克是棒球名将，在他 81 岁时，我问他："您是否曾为输了的球赛难过？"

他回答我："噢，有的，有一段时间只要输球，我就会沉溺于此不能自拔，不过后来我发现，那样做毫无意义，比赛已经输了，就像流回小溪的水已经不能再推动石磨了。”

过去的事帮不了你的忙，只能给你增加皱纹及引发胃溃疡。有一个感恩节我是跟老拳击手卡配斯先生一起度过的，在吃饭的时候，他叙述了他如何痛失重量级拳王宝座的事。当然，这对他的自尊是一大打击，他说：“比赛中，我忽然觉得自己老了……到第十回合，我虽还撑着，但也仅此而已。我的脸肿胀破碎，眼睛几乎睁不开……我看到对手赢得了比赛……我已不再是世界拳王。我挤过人群回到休息室时，我看到有人过来握我的手，有人眼中含着泪水。

“但无力挽回，我已老了。很难做到不难过，但我告诉自己：‘我不打算把余生用来为这件事烦恼，它是个打击，但我不会被它击倒。’”

卡配斯是否就此一遍一遍地告诉自己：“不要为过去伤神？”不是的，如果那样做，只会迫使自己再三面对过去的烦恼。他只是接受过去，并完全集中力量在未来的计划上。他在百老汇大街开了一家餐厅，又在五十七街开了一家旅馆。他推广有奖竞赛，并举办拳击展览，他忙于这些有意义的事，既没有时间也没有心思去为过去烦恼。卡配斯说：“这十年我过得比当拳王时充实。”

卡配斯说他没念多少书，因此他不会知道他已无意中运用了莎士比亚的忠告：“有智慧的人不会为失去的事物做无谓的忧伤，他会积极地想办法减轻伤害。”

我读历史书及传记时，常惊讶地发现很多人有克服忧虑与悲剧而能愉快生活下去的本领，他们也带给我很多启示。

我曾经到新新监狱拜访，有一点最令我吃惊的是犯人看来跟我们差不多一样快乐。我跟当时的典狱长刘易斯提到这一点，他说犯人们初来时，都非常怨恨苦闷，可是过了几个月，大部分比较聪明的人开始抛弃不幸，平静地接受牢狱生活，并尽可能过得舒服。典狱长特别提到一位犯人——

以前是一位园丁——在狱内园中种菜浇花时都是哼着歌的。

一个新新监狱的犯人能一边种花一边唱歌，其中真的很有深意，因为他知道：造物主妙笔一挥，哪管你虔敬聪慧，也改不了它一句半行；即使流干了眼泪，也洗不掉任何一个字眼。

所以，何必浪费眼泪？当然，我们都会因错误荒唐而悔恨，那又能怎么样呢？谁没有犯过错？连拿破仑都有 1/3 的战役败了北。也许我们的成功率不会比拿破仑还差吧？谁知道呢？总之，过去的事情任谁也无法改变。

很多人在为小事烦恼着

一个远行者曾徒步去过很多遥远的地方，但这一次不得不暂停远行，因为他的鞋子内掉进了一粒沙子，沙子磨破了他的脚，脚发炎了。一粒沙子毁了他的远行。可见，绝大多数人都能很勇敢地面对生活中那些大的危机及困难的挑战，但是，却常常被一些小事情击倒。其实，人不应该为小事而忧愁，不应该让自己为一些应该丢开和忘掉的小事而烦恼。

罗勃·斯通是一名海军。他整天被一些小事所困扰。在第二次世界大战结束的那一年，在中南半岛附近的深海中，他学会了不为小事而烦恼。

那时，斯通正在一艘潜水艇上，潜水艇里还有 89 个战友。突然，潜艇雷达发现有一队敌军舰队向他们驶来：一艘敌军的驱逐舰、一艘布雷舰、一艘油轮。潜艇向那艘驱逐舰发射了三枚鱼雷，都没有击中目标。敌军驱逐舰并没有发现自己遭到攻击，继续前进。突然，那艘布雷舰向潜艇冲过来，原来一架飞机发现了他们，并把位置通知了布雷舰，潜艇迅速下潜到

150 英尺深的地方，以防止被布雷舰侦测到，同时艇上的人迅速准备对付深水炸弹，关闭了所有的冷却系统和所有的发电机。

三分钟后，战斗开始了。敌军的六枚深水炸弹在潜艇周围爆炸，潜艇直压到海底更深的地方。在不到 1000 尺深的海水中受到攻击是一件十分危险的事情，士兵们都开始祈祷。如果不到 500 英尺，那差不多就是死定了。就这样，敌方的深水炸弹不断地在潜艇四周爆炸，一直持续了 15 个小时，有十几枚炸弹就在离潜艇 50 英尺远的地方爆炸了——假如深水炸弹距离潜水艇 17 英尺的话，就会在潜水艇上炸出一个洞来。当时，斯通和所有的人都奉命静静地躺在床上，斯通当时吓得浑身发抖，脸色发白，他认为他这次是死定了。为了不被敌军发现，他们关闭潜艇的冷却系统，很快，潜水艇里面的温度达到了 40 多度，但斯通穿毛衣也还觉得冷。

爆炸声持续了十几个小时，斯通觉得就像是 500 万年那么长。就在这时候，斯通想起过去的生活，以前做的一些坏事，和曾经让自己忧虑的一些无聊的小事。

斯通原来是一家银行的高级职员，工作清闲，待遇相对来说还不错，但他那时还是整天为自己薪水太少而抱怨，为没有升迁机会而发愁。为自己没钱买房子，没钱买部新车，没钱给太太买件新衣服而忧心。有时候，他会和妻子之间为了芝麻大点的小事吵得不可开交。一次在开车的路上，他还为因为忧虑发生车祸，至今额头上还留着硬币般大小的疤痕。后来，他为这个伤痕忧虑着，因为他害怕这个伤痕会给他的形象带来负面影响。

这时他觉得，之前所有那些令人忧虑的事，在当时认为都是一些大事，可这与今天随时有可能被深水炸弹送去见上帝的时刻相比，那些事情实在是太微不足道了，以前的担心是多么的荒谬啊！

斯通在生死之间忽然觉悟了，他为自己以前的行为感到后悔。他发誓，如果这次能有幸死里逃生，他再也不会为小事而忧虑了。

海中被敌人攻击的 15 小时，让斯通学到了他人生中最重要的一课。很多时候，我们通常能勇于面对生命的大灾难，却不能摆一些琐事的烦扰。

柏德上将一直在南极工作，在酷寒的南极夜里，他身边有些人也不能让他冷静地面对现实——工作人员常因小事弄得毛躁。他们默默地忍受枯燥、危险、艰难以及零下80度的严寒。柏德上将说："有人问我，我如何让自己的部属老老实实地在这么寒冷的地方工作，我告诉他，我发觉严寒不能给他们带来什么困扰，我知道两个队员彼此怀疑对方动了自己机械齿轮的手脚而不再交谈。一位队员吃饭时一定得避开另一位队员，因为那个人每口食物都需咀嚼28次才吞咽下去。所以，我只要处理好严寒之外的小事对他们的影响就可以了。否则，在极地营房内，琐碎的小事会把最有纪律的人逼疯。"

"法律并非为琐事而制定。"这是法律学上的一句名言：人如果还想保持心境平和，就不应为琐事烦恼。想要改变原有的状态，就要学会调整自己的角度，用乐观的心态去看待自己所遭遇的一切。

我一位作家朋友叫荷墨·克洛，他在纽约写作时，由于所住的公寓太老旧了，以至于常被暖气管的噪音吵得烦得要命，蒸汽发出的噪音使坐在桌前的他烦恼不已，这让他不能安心写作，不能安然入睡。好几次在半夜他都想搬离这个地方。后来他发现，暖气产生的噪音并没有那么可怕。

这一天，他和朋友外出露营，他们点燃了一堆木材，随即木材爆发出燃烧时的声音，他忽然发现这跟公寓暖气管的声音非常相似，但这个声音现在听起来并不那么让人讨厌，相反，他现在还蛮喜欢这种声音的——为什么他自己喜欢这个却憎恨另一个？于是他回家后再次听到暖气发出的噪音时对自己说："营火燃烧木材的声音听来令人感到愉悦，暖气管发出的声音是差不多的，这不是噪音，你能够安然入睡。"结果，他真的安然入睡了。刚开始几天，他还会想到暖气管的事，过了一阵，他已完全忘了它的存在。

荷墨·克洛说："因为我们厌恶，所以很多琐事都越被夸大了……这是很多人难以克服的弱点。”英国政治家迪斯累里说过：“人生苦短，岂容卑微？”安德烈·茂罗士在《奉周》杂志上写道：“这句话好几次帮助我度过了痛苦的经历，我们常让一些琐事困扰自己，其实这些事早该抛诸脑后的……我们活在世上不过几十年的光景，我们却情愿花费一去不返的几个小时，去烦恼一些一年后谁都想不起来的小事——多不值得啊！我们应该把生命放在有意义的行动、不朽的思想、真实的情感以及恒久的事业上，因为人生苦短，所以就不要为琐事浪费人生。”

英国诗人吉卜林，有时也会放不下琐事，结果与姻亲闹出了一场有名的诉讼，甚至还有一本著作专门讨论这个案件。故事是这样的：吉卜林娶了美国佛蒙特州的一位女孩，随即他和这位女孩在当地定居。他太太有个弟弟叫比提，很快就和吉卜林成了密友，他们总是形影不离。

后来，吉卜林向比提买了一些土地，约定是比提每季都可以去收割牧草。一天，比提发现草地已被吉卜林变成了花园，他火冒三丈，吉卜林对自己的独断毫不相让，一时之间，阴云密布，硝烟四起。

过了几天，吉卜林骑着脚踏车在路上行走，比提驾着一辆由几匹马拉着的篷车，突然撞向吉卜林。吉卜林就以谋杀罪起诉比提，并发誓要让比提坐牢。接着，一场惊天动地的审判开始了。

报社记者涌入他们生活的小城争相采访，搞得全国皆知，迫使吉卜林夫妇搬家，永远放弃了美国的家园。这样严重的后果都是因为牧草引起的！

雅典政治家佩里克莱斯在 2400 多年前就说过：“起来吧！君子们！我们坐在这里讨论琐事太久了！”我们确实总是有这个毛病。

所以，不要为了小事而烦恼，只有这样你才能够消除忧虑，让自己的生活变得更有意义。

看看概率就可以消除忧虑

很多人问，我们的忧虑和烦恼来自哪里？我告诉你，忧虑和烦恼都是来自想象而并非现实。消除忧虑和烦恼有时不需要人本身做太大调整，只要弄清一个数学问题——概率，就能消除忧虑。如果人们想一想以前的事，看一看发生的概率，大概 90% 的忧虑就会自然清除了。

我在密苏里农场里度过了我的童年，记得有一天，正当我站在梯子上帮母亲采樱桃时，我忽然哭起来了。母亲问道："戴尔，你怎么哭了？"我说："我怕跌下去摔死了。"

"亲爱的，怎么会呢？你离地只有一英尺高。"母亲说。

我现在回想这件事会觉得很可笑，但在那段岁月中，我的确为此充满了忧虑。

在小时候我总是充满忧虑，一年四季会有不同的忧虑：春季害怕落花，夏季我怕被雷打死，秋季会担心母亲的葡萄园欠收，冬季会担心严寒……我怕村里一个叫山姆的光棍汉，因为他曾威胁要割我的大耳朵。不同的年龄阶段我有不同的忧虑：少年时代，我想向女孩们搭讪，但担心她们会嘲笑我；青年时，我甚至担心没有人愿意嫁给我；结婚时，我不知道要跟我太太说什么，我想象我们在乡村教堂结婚，再坐马车回农庄……可是在回程的马车上，我应该说些什么呢？……我成天被那些现在看似不是问题的问题烦得要死。

随着年纪的增长和社会阅历的加深，我渐渐发现我担心的事 99%根本从来没有发生。举例来说，我说过我害怕被雷劈死，现在我知道，根据科学家的调查，任何时刻遭雷电击毙的概率只有三十五万分之一。

当然，我说的都是我自己在青少年时代的担忧，可是，很多人的忧虑和我的也差不多一样荒唐。如果我们用发生的概率来衡量我们所担心的事，十之八九都可以排除。

劳埃德公司是全世界最有名的保险公司，据说他们能日进斗金，完全是因为他们确定人们担心的那些事很少发生。保险公司赌的是人们所担忧的灾难永远不会发生。称他们为保险，我们也可以说他们是在“下注”，他们赢在赔偿低概率的事件上，这家保险公司二百年来都生意兴隆。如果人们改变了，我敢说，这家公司仍将继续经营下去，因为人们担心的灾难，依概率并不像人们所想象的那样会经常发生。

仔细研究概率你会发现许多惊人的事实。拿我自己来说，如果我知道未来五年我得参加一次战役，我一定会惶惶不可终日了。我会花完我的存款，早早料理好我的后事。我会说：“我也许不能活着回来，我应该好好享受我剩下的这几年。”可是事实并不是这样，根据事情发生的概率，一个人从 50 岁活到 55 岁是和上战场作战同样的危险致命。我的意思是，一般情况下，过了知天命之年的人的死亡率与参加战役的 16.3 万名士兵的死亡率是一样的。

美国海军司令欧内斯特·约瑟夫·金常用概率所统计的数字来激励海军的勇气。当有新兵蛋子被分到那些运油艇上的时候，胆小的总会被吓坏。想一想，在一艘装满高标号汽油的船上，就等于站在一个炸药堆上，很少有人能在上面闲庭信步。

欧内斯特·约瑟夫·金有专门对付这种事件的办法，他发布了一些经过调查统计的数字。

数字显示，在一百艘被鱼雷击中的油轮里，有半数以上沉到海里，而在沉到海里的油轮中，只有五艘是在击中几分钟内沉没而来不及逃生的。这就是说，油艇一旦遭到攻击，里面的士兵都有足够的时间跳进海中，而死在船上的机会是非常小的。知道了这些数字后，新兵们就不会那么恐慌了，每个人的心淡定了很多。新兵们根据平均的概率来算自己生存的机会，他们死在这里的机会微乎其微。这样，每个人都能安心服役。试想，如果让这些新兵们为死亡忧虑，让他们时刻被恐惧所驾驭，不用敌军的炸弹，就是忧虑也足够把他们摧毁，那样的话后果真是不堪设想。

第二次世界大战中，当大战来临时，弗莱德雷·马格恩特也一度躺在散兵坑里为生命而担忧，但随即他用概率驱散了忧虑。

在第二次世界大战中，弗莱德雷在通讯连服役。1944 年 6 月初，盟军开始在诺曼底登陆，弗莱德雷和他的战友抵达诺曼底后，潜伏在奥马哈海滩附近的散兵坑里。散兵坑狭小而阴冷，弗莱德雷感觉就像呆在坟墓里。到了子夜，德军的轰炸机出现在头顶扔下炸弹，爆炸声震得耳朵嗡嗡直响，弗莱德雷吓得差点尿了裤子。一连好几个晚上他根本睡不着。一是爆炸声太大，二是怕闭上眼后会被德军的炸弹炸死。夜夜失眠让每一根神经就像弓弦一样，绷得紧紧的，他的精神也快要崩溃了。弗莱德雷的上司知道了他的情况后告诉他，如果不想办法解决这个问题的话，他肯定会发疯。于是上司提醒他：已经五个夜晚了，你还不是好好的活着吗？而且我们这一组的人都还活着，只有两个人受了伤。而他们也并不是被德军炸弹所伤，而是被盟军部队发射的高射炮弹的碎片击中所致。于是，弗莱德雷想办法来阻止自己再忧虑下去：他在坑上造了一个盖子，这样来防止自己被碎片击中。他想，除非有炸弹直接落到坑里，否则让德军的炸弹摧毁这个坑是不可能的事情。他甚至算出了炸弹直接掉进自己坑里的概率不到万分之一。

做完这些防备之后，他紧张的心放松了很多，又过了两三天，他完全平静下来了。哪怕敌机来袭的时候，他也能睡得很香。

如果算算事件发生的概率的话，我们就会发现自己的担心很可笑。

麦莉夫人是一个很平静、很沉着的女人，给人的印象乐观开朗，她就是一个没有什么忧虑的人。而事实上，在她没有学会征服忧虑之前，她曾被忧虑折磨了十几年。

很长一段时间，麦莉夫人脾气暴躁，而且每天活在高度紧张中。她在商场买东西时会担心家里的房子着火了，女儿出意外了……她常常因为担心，而在邮局寄发信件的时候，突然冲出邮局，跑回家看看家中是否安全。这种莫名的忧虑导致了她第一次婚姻的失败。

麦莉的第二次婚姻是和一位律师结了婚，律师丈夫是一位很冷静、很有分析能力的人。每当麦莉忧虑的时候，律师丈夫就会劝解她：好好想一想，看看事情发生的概率有多少吧！有一次，麦莉和丈夫外出游玩，突然遇到了暴风雨，道路变得很滑，车子也难以控制。麦莉担心车子滑到路边的沟里去，要让丈夫停下来，等风雨过了再走，而那位律师先生却很平静地告诉她，自己开得很慢，不会出事。即使车子滑到沟里也不会有事的。丈夫的自信和冷静让麦莉慢慢平静了下来。

当他们到达目的地后，晚上，住在帐篷里的两个人又遇到了暴风雨。

大风将帐篷吹得摇摇晃晃。这让麦莉害怕极了，丈夫不停地安慰她，他们有六七个有经验的向导，在山中扎营已经有五六十年的经验了，从来没有发生过帐篷被吹走的事情。根据概率，今天晚上帐篷也不会被吹走。即便是真被吹走了，他们也可以躲到其他的帐篷里去。在丈夫的安慰下，麦莉夫人的精神慢慢放松了，结果那一夜睡得十分安稳，而且什么事也没有发生……

从那以后，麦莉夫人每遇到烦心的事时，就会告诉自己，根据概率，这种事情不会发生。

这句话消除了她 90% 的忧虑，让她过上了幸福、安宁的生活。

说了这么多，我不外乎就一个意思：我们的忧虑和烦恼大部分都来自我们的想象而非现实。我们不妨回顾过去的事情，之后你是不是完全同意我的话？

所以，当你被忧虑所困扰的时候，先不要担心，先去计算一下事情发生的概率，查查记录，让我们自问，自己所担心的这件事情到底有多少机会发生。如果你掌握了这一点，你就不会再被忧虑所困扰了。

让自己没有时间去忧虑

· 忧虑从不会在你行动时侵袭你，而总是在你闲暇时进攻。治疗忧虑最好的办法就是去忙一些具有建设性的事情。

如果我们有什么事情让自己为之忧虑的话，请记住！我们可以把工作作为一种很好的治疗方法。这种治疗方法在医学上称之为“职业性治疗”，是近代心理学所用的名词，其意思就是把工作当成治病的药物。

在富兰克林时代，费城教友会的教徒已开始使用这种方法。1774 年，有人去参观教友会的疗养院时发现，那里的精神病人都在纺纱织布，观者十分震惊。那人认为那些本已遭遇不幸的人，现在又在遭受压榨。教会的人向他解释说，这些病人只有在工作的时候病情才能真正有所好转，因为工作能使人的神经安定。

已故的哈佛医学院教授理查·柯勃特曾经说过，他很愉快地看到工作可以治愈很多的病人。

在第二次世界大战中，我曾遇到过一对夫妇，他们的儿子在珍珠港事件发生后的第二天就加入了陆军。这是他们惟一的孩子。那位夫人整天担心她的儿子，几乎使自己的健康受到了损害。他现在正在打仗吗？他会有生命威胁吗？他会不会受伤？

我问她，后来她是怎样消除忧虑的呢？她告诉我说：“消除忧虑的好办法，就是让自己忙着，去做一些备用的事情。”整个过程大概是这样的：

首先，她把家中的女佣辞掉了，希望靠自己来做家务事使自己忙起来，可是这样的效果不理想。问题在于做家务基本上是机械化的，根本不用思考。

在她洗碟子、擦玻璃的时候，她还是有足够的时间来想她的儿子。因此她认为，她需要一些新的工作来让自己忙碌起来。不久，她在一家百货公司找了一个售货员的工作。

这下成功了，每天都有很多人围在她的周围，不断地向她询问一些问题。她实在是没有一点时间去想工作以外的事情。下班之后，又得考虑如何才能让那双酸痛的脚得到休息。吃完晚饭往床上一倒就睡着了，她再也没有时间和体力去忧虑了。

如果我们每天无所事事，我们就会产生一大堆被达尔文称之为“胡思乱想”的东西，而这些东西就会掏空我们的思想，摧毁我们的行动力和意志力。约翰·波斯在他的《告别忧虑的艺术》一书中也谈到了这一点：“一种舒适的安全感，一种内在的宁静，一种因快乐而导致反应迟钝的感觉，都能使人类在专心工作时精神镇静。”

海军上将盖德在覆盖着厚厚冰雪的南极的小房子里生活了五个月后，也明白了这一点。在那片冰雪覆盖的天地里，藏有大自然的最原始的秘密。在五个月中，盖德一个人孤独地活着，他没有见过任何有生命的东西。那儿的气温低得惊人，呵气成冰。在他写的那本《孤寂》的书中，叙述了他在那片毫无生息的大陆上的五个月的生活。他必须想方设法让自己忙碌起来，这样才不至于发疯。

在每天闭上眼睛之前，他得把第二天的工作分配好。比如说：用一个钟头的时间去检查逃生用的隧道，用半小时时间去挖雪，再花两个小时修理雪橇……他说：“能把所有的时间都分配出去，真是一件很不容易的事情。这样我就可以让自己时刻在为不同的目的而奋斗。而如果没有目的的话，这些日子就会让我胡思乱想，最后势必精神分裂。”

盖德能把每天的时间都分配出去是多么的有福气啊。世界著名的女冒险家奥拉·强生告诉我，她是如何从忧虑和悲伤中得到解脱的。

奥拉·强生16岁结婚。25年来，他们夫妇周游世界各地，他们在亚洲和非洲的原始丛林中拍摄那些濒临绝迹的野生动物的影片。9年前，他们回到美国，在全国各地旅行演讲，放映他们拍摄的电影。在这期间，他们乘坐飞机时发生了事故，她的丈夫当场死亡，而医生们告诉他，她将在床上度过她的余生。然而，3个月之后，强生却坐着轮椅到处发表演讲。事实上，在那段时间内，她进行过100多次演讲，都是坐在轮椅上进行的。我问她为什么这么做?

奥拉·强生说："我这样做的原因，是为了让我没有时间去悲伤和忧虑。"

为什么"让自己忙着"这么一件简单的事情，就能够把忧虑赶走呢?因为生理学上的一条定理：不论一个人如何聪明，都不可能在同一时间里想两件事情。你不妨试一试：坐在椅子上，闭上眼睛，试着在同一个时间去想自由女神和明天早上你打算做什么事情。

你是不是只能轮流地想其中的一件事情?每个人都是这样。从人的情感上来说，我们既不可能激动、热情地用心去做一些让人振奋的事情，同时又被忧虑拖累下来。一种思想会挤掉另一种思想。这虽然是一个很简单的发现，但就是这一简单的发现，在战争中创造了心理治疗奇迹。当一些士兵因为精神因素而从战场上撤下来的时候，军医们都以"让他们忙着"为治疗的方法。

除了睡觉的时间外，每时每刻都让这些精神受到打击的人不停地从事各种活动。比如：打高尔夫球、拍照片、跳舞等等，让他们没有时间去想他们以前的那些可怕的噩梦。

人在闲时，脑子里会填充一些什么东西呢?一般都是自己的感觉。这是什么原因呢?因为忧虑、恐惧、嫉妒等情绪，都是由我们的思想所控制的，这种消极情绪非常猛烈，会把我们思想中所有的平静、快乐赶出去。

哥伦比亚师范学院的教授米歇尔说得非常清楚：“忧虑最能伤害到你的时候，不是在你行动的时候，而是在一天的工作做完了之后。这时候，你的精神会放松，思维就会混乱起来。这时候，你的思想就像一部没有刹车的货车，四处冲撞，撞毁一切。而消除忧虑的最有效的办法，就是让自己忙着，去做一些有用的事情。”

在我的班上有一个叫马力安·道格拉斯的学员。他告诉我，他的家庭曾遭受过两次不幸。

第一次，他的一个非常疼爱的孩子不幸去世了，他和他的妻子都以为没有办法承受这种打击。而更不幸的事情还在后面，十个月后，上帝赐给他们的第二个孩子，却在人世间只活了五天。

这一次又一次沉重的打击，实在是让人无法承受。“我吃不下去饭，”这位父亲说，“我每晚睡不着觉，没法休息和放松。我的精神受到严重的摧残，我甚至对生活失去了信心。”最后，他去找了医生。一个医生给他开了一些安眠药，另一个医生建议他外出旅游。“我两个办法都使用了，但对我一点帮助都没有。”他说，“我好像被夹在了一把大钳子里，并且钳子夹得愈来愈紧。”这都是由于悲痛而造成的——如果你曾经悲痛欲绝过的话，你就会明白他在说什么。

感谢上帝，不过，他还有一个孩子。正是这个四岁大的孩子教会了他解决问题的方法。一天下午，正当他一个人坐在房子里难过时，他的孩子走过来说：“爸爸，你为我造一条船好吗？”“我当时哪有心情去给他造船——我根本没有心情做任何事情。”他说，“但这个小家伙老是纠缠我不放，我最后还是顺从了他的意思。”

为了造那条船，他大约花了两个半小时的时间，等把造好的船交给小家伙之后，他才发现在造那条船的时间，是他这段时间以来心情最放松的时间。

这一发现让他如梦初醒，这让他有精神去思考——这也是自从他发生不幸以来的第一次清醒的思考。他发现，做一些需要计划和思想的事情，就不会再忧虑了。所以他决定让自己忙碌起来。

第二天，他把屋子里里外外检查了一遍，把所有需要做的事情写在了一张纸上。如修理书架、水龙头、门窗等等。让人想不到的是，两个星期以来，他居然发现了二百多件需要做的事情。

那些需要做的事很快就被他做完了，然后，他便积极地参加镇上的一些活动：每个星期，都拿出两个晚上的时间去参加成人教育班；经常参加各种会议；经常协助红十字会和其他机构的募捐活动。他每天的时间都安排得紧紧的，也就没有时间再去忧虑了。

没有时间去忧虑，这正是邱吉尔在战争紧张到每天需要工作 18 小时的时候所说的话。

当有人问他会不会为了承担的重任而忧虑时，他说："我太忙了，我没有时间去忧虑。"伟大的科学家巴斯德曾经说过"在图书馆和实验室能找到平静"，为什么能在那儿找到平静呢？因为在图书馆和实验室的人，都集中精神在工作，不会为自己担忧。做研究工作的人很少会出现精神崩溃的现象，因为他们根本没有时间去享受这种"奢侈"。

肖伯纳说得很正确，他说："让人愁苦的秘诀就是，空闲时想想自己到底快不快乐。"因此，我们不必去想它，让自己忙碌起来，精神就会变得振奋，思维就会变得有条理——让自己一直忙碌着，这是世界上最便宜的一种药，也是最好的一种。

克服忧虑的万灵公式在哪

如果你一直担心下去的话，恐怕永远也不会取得成功。因为忧虑的最大坏处就是摧毁一个人集中精神的能力。一旦忧虑产生，我们的思想就会到处乱转，从而丧失做出决定的能力。

你想学习处理忧虑的方法吗？在看完这节内容之后就能发现立即应用的技巧吗？那么让我告诉你威利斯·卡瑞尔所发明的办法吧！卡瑞尔是一个很聪明的工程师，他开创了空气调节器的制造业，现在是位于纽约州塞瑞库斯市的世界闻名的卡瑞尔公司负责人。这是我所知道的消除忧虑的最好办法，是我和卡瑞尔先生在纽约的工程师俱乐部吃午饭时亲自从他那里学到的。

卡瑞尔年轻的时候在铸造公司工作。他的任务是到一座花费好几百万美元建造的工厂去安装一架瓦斯清洁机，以清除瓦斯燃烧的杂质，使瓦斯燃烧时不会伤到引擎。这种瓦斯清洁方法是一种新的尝试，以前只试过一次——而且当时的情况很不相同。

当他工作的时候，很多事先没有想到的困难都发生了。经过一番调整之后，机器可以使用了，可是效果并不像想象中的那样。

他对自己的失败非常吃惊，觉得好像是有人在他的头上重重地击了一拳。他的胃和整个肚子都开始扭痛起来。有好一阵子，他担忧得简直无法入睡。

最后，出于一种常识，他发现忧虑并不能够解决问题，于是便想出一个不需要忧虑就可以解决问题的办法，结果非常有效。

他这个抵抗忧虑的办法已经使用30多年了。这个办法非常简单，任何人都可以使用。这个方法共有三个步骤：

第一步，首先毫不害怕而诚恳地分析整个情况，然后找出万一失败后可能发生的最坏情况是什么。他知道没有人会把他关起来，或者把他枪毙，但是他很可能会丢掉工作，老板也可能把他的整个机器拆掉，使投进去的2万美元泡汤。

第二步，找出可能发生的最坏情况之后，让自己在必要的时候能够接受它。卡瑞尔对自己说："这次失败，在我的记录上会是一个很大的污点，我可能会因此而丢掉工作。但即使真是如此，我还是可以另外找到一份差事。事情可能比这更糟。至于我的那些老板——他们也知道我现在是在试验一种清除瓦斯的新方法，如果这种实验要花他们2万美元，他们还付得起。他们可以把这个账算在研究费上，因为这只是一种实验。"

发现可能发生的最坏情况，并让自己能够接受之后，有一件非常重要的事情发生了。卡瑞尔马上轻松下来，并感受到几天以来所没有经历过的一份平静。

第三步，从这以后，平静地把自己的时间和精力，拿来试着改善心理上已经接受的那种最坏情况。

卡瑞尔努力找出一些办法，争取减少目前面临的2万美元损失。他做了几次实验，最后发现，如果能再多花5000美元，加装一些设备，现在的问题就可以解决了。如果照这个办法去做，公司不但不会损失2万美元，反而可以赚1.5万美元。

如果他当时一直担心下去的话，恐怕再也不可能做到这一点。因为忧虑的最大坏处就是摧毁一个人做出决定的能力。一旦忧虑产生，我们的思想就会到处乱转，从而丧失做出决定的能力。然而，当我们强迫自己面对最坏的情况，并且在精神上先接受它之后，我们就能够衡量所有可能的情形，使我们处在一个可以集中精力解决问题的地位。

卡瑞尔的这个故事，发生在很多很多年以前，因为这种做法非常好，他就一直使用。结果在他的生活里几乎不再有烦恼了。

为什么威利斯·卡瑞尔的万灵公式这么有价值，这么实用呢？从心理学上来讲，它能够把我们从那个巨大的灰色云层里拉下来，让我们不再因为忧虑而盲目地摸索，它可以使我们的双脚稳稳地站在地面上，而我们也都知道自己的确站在地面上。如果我们脚下没有结实的土地，又怎么能希望把事情想通呢？

当我们接受了最坏的情况之后，我们就不会再损失什么，而这也就是说，一切都可以得回来。在面对最坏的情况之后，威利斯·卡瑞尔告诉我们说："我马上就轻松下来，感到一种好几天来没有经历过的平静。然后，我就能思想了。"

很有道理，对不对？可是还有成千上万的人，为忧虑而毁了自己的生活。因为他们拒绝接受最坏的情况，不肯由此以求改进，不愿意在灾难中尽可能地救出点东西来。他们不但不重新构筑他们的财富，却参与了"和经验所有的一次冷酷而激烈的斗争"……终于变成我们称之为忧郁症的那种颓丧的情绪的牺牲者。

你是否愿意看看其他人怎样利用卡瑞尔的万灵公式，来解决自己的问题呢？好，下面又是一个例子。这是以前我班上的学生——目前他是一名纽约油商。"我被勒索了"，他说，"我不相信会有这种事情———我不相信这种事情会发生在电影以外的现实生活里——可是我真的是被勒索了。"

事情的经过是这样的：他主管的那个石油公司，有好几辆运油的卡车和好些司机。在那段时期，物价管理委员会的条例管制得很严，他们能送给每一个顾客的油量也都有限制。

事情的真相他起先不知道，好像是一些运货员减少他们固定顾客的油量，然后再把偷下来的卖给别的顾客。有一天，有个自称政府调查员的人来看他，跟他索要红包，并自称掌握他们运货员舞弊的证据。那个人威胁他说："如果你不答应的话，我就把证据转交给地方检察官。"这时候，他才发现公司有这种不法的买卖。

当然，他知道他没有什么好担心的——至少跟他个人无关。只是他也知道法律规定，公司应该为自己员工的行为负责。还有，万一案子打到法院去，上了报，这种坏名声就会毁了他的生意。他对自己的生意非常骄傲——那是他父亲在24年前打下的基础。

他担心得生了病，三天三夜吃不下睡不着。他一直在那件事情里面打转：是该付那笔钱——5000美元——还是该跟那个人说，你爱怎么干就怎么干吧！他一直下不了决心，每天都做噩梦。

后来，在礼拜天的晚上，他碰巧拿起一本叫做《如何不再忧虑》的小书，当他读到威利斯·卡瑞尔的故事时，里面说："面对最坏的情况。"于是他问自己："如果我不肯付钱，那个勒索者把证据交给地方检查官的话，可能发生的最坏情况是什么呢？"

他得出的答案是：毁了他的生意——最坏就是如此。他不会被关起来，只是他会被这件事毁了。

于是他对自己说："好了，生意即使毁了，但我心理上可以接受这点，接下去又会怎样呢？"

生意毁了之后，也许得去另外找件差事。这也不坏，他对石油知道得很多——有几家大公司可能会乐意雇用他……他开始觉得好过多了。三天三夜以来，他的那份忧虑开始消散了一点。他的情绪稳定了下来……而意外地，他居然能够开始思考了。

他头脑清醒地想出第三步——改善最坏的情况。就在想到解决方法的时候，他发现了一个全新的局面：如果他把整个情况告诉他的律师，就可能会找到一条新的路子。这乍听起来似乎很笨，因为他起先竟然一直没有想到这一点——当然是因为他起先一直没有好好思想，只是一直在担心的缘故。他马上打定了主意，第二天清早就去见他的律师。

事情的结果如何呢？第二天早上律师叫他去见地方检察官，把整个情形陈述一遍。他依照律师的话去做了。当他说出原委之后，出乎意外地听到地方检察官说，这种勒索的案子已经连续好几个月了，那个自称是“政府官员”的人，实际上是警方的通缉犯。当他无法决定是否该把5000美元交给那个职业罪犯而担心了三天三夜之后，听到这番话，真是松了一大口气。

这次的经验给他上了永难忘怀的一课。现在，每当面临会使他忧虑的难题时，他就把所谓的“威利斯·卡瑞尔的公式”派上用场。

卡瑞尔克服忧虑的万能公式是：第一步，问自己“可能发生的最坏情况是什么？”第二步，准备接受最坏的情况；第三步，设法改善最坏的情况。

别让忧郁“活埋”了自己

很多人常常有这样的体会：莫名其妙的忧郁情绪，常常会伴随星期天等节假日闯入自己的生活，自己会感到孤独烦躁、心神不宁。心理学家称这种现象为“星期天忧郁症”。

我有个朋友和丈夫结婚已经3年，丈夫在纽约的一家公司任中层领导，两年前，丈夫的公司从业务上考虑，决定每隔半年他就要到外地的分公司工作半年。刚开始分开的半年，我的那位朋友有一种自由和快乐的感觉，家里少了一个人，就少了很多家事，少了陪丈夫出去应酬所占的时间。每到周末，她就和朋友们出去玩，这种日子过了两个月。

有一个周末，她那些关系好的朋友像约好了一样，都有各自的事情，她只好一个人在家，和丈夫打了两小时的长途电话，这天她干什么也没有兴趣，睡觉睡不着，看书、看电影都看不下去，心里烦躁不安，出去走了一圈，又觉得无聊，转身又回家上网聊天，说不了两句，又觉得无聊。她觉得这有点不像自己，平时上班的时候，她是多么希望周末赶快来，可现在她害怕周末，只要到周末，她就想出去，不愿意在家里待着，宁可跑到空无一人的办公室看着密密麻麻的办公桌。

为什么我的那位朋友会产生忧郁情绪，原因就在于太闲了，以致于逐渐地被忧郁深埋。要是人不能一直忙着——如果只闲坐在那里发愁——会产生一大堆达尔文称之为“胡思乱想”的东西。只要我们大脑有一丝缝隙，“胡思乱想”这个传说中的“妖精”就有可趁之机，它会帮助忧虑的思想占据我们整个大脑，会把所有快乐的感受都赶走，进而摧毁我们的意志，所有行为也无法自我控制。

有一位探险家，15 岁就跟着哥哥周游列国，15 年里他们在探险的过程中，拍摄了大量的濒危灭绝的野生动物影片。但是几年前，他们驾驶着自己的飞机飞跃峡谷时，飞机撞到了山上，哥哥不幸遇难，而他也从此瘫痪在床。半年后他坐着轮椅整理探险时拍摄的影片并发表演讲。有人惊讶地问他是怎么做到这一切的，他回答说：“回想起过去我很恐惧也很悲伤，人总不能长时间活在这种忧虑中，我只有面对现实，让自己不停地忙着，这样就没有时间忧虑了。”是啊，让自己忙着，没有时间忧郁，这是把忧郁赶出心灵的一种好方法。为什么“让自己不停地忙着”，就能够把忧郁赶出去呢?

在心理学上有这么个基本定理：不论一个人有多么的聪明，人类的思想，都不可能在同一时间想一件以上的事情。我们不可能既激动、热忱地想去做一些很令人兴奋的事情，又同时因为忧郁而拖累下来。一种感觉会把另外一种感觉赶出去。

第四辑

每个人都可以过得快乐

chapter 4

引语

在我多年的演讲与培训生涯中，我注意到了一个非常重要的问题，即人们是否生活得快乐美好，并不取决于他们在事业上获得多大的成功，也不取决于他们拥有多少财富，而完全取决于他们的心态。快乐的穷汉和满面愁容的老板在生活中比比皆是。

心态不仅是生活快乐、美好的关键，良好的心态也可以让处于困境的失落者渡过难关，让走在正确道路上的人加快成功的脚步。在我们的培训班就有这样的例子——有一位拥有 14 名员工的老板，参加了培训课程。多年以来，他不加限制、毫无顾忌地批评、训斥他的员工。

他永远对现状不满足，觉得到处都是问题和错误。在培训班上学习了这本书后，他果断地改变了他对待人生的心态。他的公司很快就出现一种忠诚、热情、团结的精神，公司的业绩在原来的基础上有了很大提高。

他在培训课的一次讲演中，高兴地说："以前我在公司中巡察，没有人主动向我打招呼，我的那些员工们一见到我来了，马上就避开了。可是现在他们都成了我的朋友，甚至连门卫都叫我名字向我打招呼！"现在，这位老板获得了比以前更多的收益，更重要的是：他在工作和家庭生活中获得了更多的快乐。

我亲眼目睹这种改变不下几百次，我见过这么多，我一点都不怀疑了。我们每一个人都在努力争取最大的快乐。我认为这部分内容能给大家带来一些启示，只要我们能照着做，我们就可以控制自己的思想和行为，从而克服任何障碍，增加我们生活的乐趣。

多为他人创造快乐

有人也许会说，都什么年代了，还助人为乐，我凭什么要帮助别人。帮助别人没有原因，也很简单，有时帮助只是一个手势、一句话、一个微笑……这些对你没有任何损失，对你来说也只是举手之劳。可是回报你的可能远远不止你所付出的，至少有别人的满怀感激。在你帮助别人的同时，也证明了你存在的价值远远超过了你看到的，从而你会感到满足和快乐。

因为当你帮助别人之后，别人会对你心怀感激，也许你在帮助别人的时候，并没有想从他那里得到什么相应的回报，但是，就是这种无私的帮助常常能带给你意外的收获，同时，你的帮助在给别人带来快乐的同时，你自己也会感到前所未有的满足，难道不是吗？这就是为什么那些懂得帮助别人，懂得与人分享的人们生活得很开心的原因。

相反，那些心胸狭隘的自私者心里只有贪婪索取，他们根本不懂分享的美好，他们每天只想着为了自己的利益而争斗，让自己疲惫不堪，也让别人对他们充满敌意和防备。这样的状态，怎么能快乐呢？

一个大雨滂沱的夜晚，社会学者维克多不小心陷进了沼泽地。四周没有一个人，维克多焦急万分，身子已经陷进去到了脖子。如果不能离开这里，就必然会被沼泽吞噬。他拼命呼救，这时，一个骑马的年轻人正好路过，二话没说就用绳子将维克多拽了出来，把他带到了一个小镇上。当维克多拿出钱对这个陌生人表示感谢时，年轻人摇摇头说："这不是我要的回报，只要你给我一个承诺：当看到别人有难时，竭尽全力去帮助他。"

在后来的日子里，维克多帮助了许许多多的人，并且将骑马的年轻人对他的要求告诉了他所帮助的每一个人。很多年后，维克多因轮船失事，被海水冲到了一个小岛上，一位男子帮助了他。当他要感谢这位男子的时候，男子竟说出了那句维克多已说过很多次的话：“我不要任何回报，只要你给我一个承诺……”维克多的心里顿时涌上了一股暖流。

生活中，我们不仅要学会感恩，还要学会在帮助别人之后，不求回报。我们的举手之劳也许给别人带来的远远不止这些，也许我们的些许关爱会让他人不再孤独落泪。让我们的生活因你我的相互关爱而变得更加温馨，让你我的爱心传递变成一种习惯，这样我们的生活环境就多了温情，少了不和谐。

帮助别人不是一种责任，而是一种快乐。因为这能让我们更加健康、更加快乐。因为把手伸向别人的时候，就能体验到爱别人和被他人所爱的幸福。

20 世纪美国最杰出的无神论者西多·德莱特，他把所有的宗教都看成是神话。人生只是一个傻瓜说出的故事，没有任何意义，但是他却遵循耶稣所讲的一个道理，那就是帮助他人。德莱特说：“如果每个人想在漫长的人生中享受幸福，就不能只想到自己，而应为他人着想。”

有一位学者已很多年没下床走了，但许多媒体却高度评价他是最无私的人。

很多常年卧床的人连自己的烦恼都无法化解，他又是如何成为最无私的人的呢？答案就是，他一直遵循着“为他人服务”的信念，并努力去实践它。

他想尽办法，收集到了全国各地瘫痪病人的通讯地址，他给他们每个人写信，并通过信件鼓励他们、关心他们，激励他们勇敢地与病魔做斗争。他把这些病人组织起来，让大家相互写信鼓励。

这位学者每年要在床上发出 1400 封信，给成千上万的病人带来了快乐和笑声。

这位学者与其他瘫痪在床的病人最大的不同之处在于他深切体会到真

正的幸福，是在帮助他人当中获得的。萧伯纳说过：一个以自我为中心的人，一天到晚都在抱怨别人不能使自己开心。只有乐于助人，为他人带来笑声，那么你才能真正快乐。

海伦·凯勒说过："任何人出于善良的心，说一句有益的话，发出一声愉快的笑，或者为别人铲平粗糙不平的路，这样的人就会感到欢欣是他自身及其亲密的一部分，以致使他终身去追求这种欢欣。"

我所在的社区有一个非常著名的人物，她的名字叫"苹果"，大家都说，有问题找苹果吧，她最清楚。苹果本名韦斯娜，只有 21 岁，却已在纽约打工 4 年。问苹果现在哪里打工，她指着身上有义工标志的红马甲回答：义工联。苹果是美国南山区义工联惟一一个"专职义工"，这个"打工妹"为了做义工，竟然将自己原来的工作辞掉了。

苹果当义工纯属偶然，那时她才刚来纽约，陪一个朋友到义工联报名，当时她也没多想，只是觉得好玩就报了名，没想到这一次报名却影响了她的一生。

苹果第一次走进霍华德大叔家时，这个 50 多岁的中年人坐在门口呆呆地望着天空。霍华德大叔从小因小儿麻痹症导致四肢瘫痪，家里只有一个 70 多岁的老母亲在照顾他。因为老母亲身体也不好，霍华德大叔已经很久没有走出村子了。见到苹果他很高兴，嚷着要出去玩。苹果于是到义工联借了个轮椅将霍华德大叔推了出去。一路上，霍华德大叔很兴奋，苹果却很吃力：你可以想象，一个 90 多公斤的大胖子有多沉。走着走着，苹果发现霍华德大叔突然不说话了，低头一看，这个 50 多岁的汉子泪流满面。霍华德大叔说，他太高兴了。

苹果没有想到给别人带来快乐原来如此简单，她更加积极地投入到义工联的各种公益活动中。

随着帮扶对象越来越多，苹果发现时间越来越不够用。其实，在纽约打工的几年，苹果的工作也渐有起色，可以说是一年上一个台阶了。可去年南山义工联需要招聘一个专职义工时，苹果坚决地辞掉了工作。

专职义工每个月的工资只有900美元，只是苹果以前工资的一个零头。许多朋友不理解苹果，说她傻，父母也不理解她，家里并不富裕，很需要她支持。苹果的执着感动了大家，身边许多朋友被她带进了义工队伍。

当有人问她："你为什么当义工。"苹果回答说："我觉得帮助别人是一件很快乐的事情，不仅给人快乐，还找到了自己的价值。"苹果还说："当了这么多年义工，帮助别人，成了我的一种幸福，一种习惯。"

一个人帮助别人不难，但若把助人当成一份工作、一种事业确实很难。苹果能做到这一点，可以看出她是一个心胸多么宽广的人。她在助人的同时，也获得了更多的快乐，更大的幸福。

助人容易求人难，何不在解决别人的痛苦中，感受助人的快乐呢？伸出你的援助之手吧！其实很简单，你会获得更多的朋友，更多的幸福和快乐。

用正确的思想创造你的生活

生活快乐与否，完全取决于个人对人、事、物的看法，因为矛盾是由思想造成的。

几年以前，一家广播电台让我参加节目，主要内容是要我找出"你所学到的最重要的一课是什么？"

对很多人来说，在有生之年有很多"最重要的一课"。但对我来说，这方面的惟一性并不难以选择。我所学到的最重要的一课是：思想的重要性。只要知道一个人在想些什么，就知道这个人是怎样的一个人，因为每个人都有自己的特性，每个人都是由思想造成的，我们的心理状态完全决定我们的命运。爱默生说："一个人就是他整天所想的那些……他怎可能是别种样子呢？”

我明确知道，我们所必须面对的最大问题就是如何选择正确的思想，这也是一个人一生中最重要的问题。如果我们能选择正确的思想指导我们的行为，就可以解决生活中所有的问题。曾经统治罗马帝国的伟大哲学家马可·奥勒留把这些总结成一句话，这是决定我们命运的一句话：“生活是由思想造成的。”

我们往往会有这样的经历：如果我们想的都是快乐的事情，我们的内心就会充满快乐；如果我们想的都是悲伤的事情，我们的内心就会充满悲伤；境随心转，如果我们想到一些可怕的情况，我们就会害怕；如果我们总有不好的念头，我们恐怕就不会安心了；如果我们想的净是失败，我们就会失败；如果我们沉浸在自怜里，大家都会有意躲开我们。诺曼·文生·皮尔说：“你并不是你想象中的那样，而你却是你所想的。”我这么说是不是暗示，对于所有的困难，我们都应该用习惯性的乐天态度去看呢？不是的。生命不会这么单纯。不过我却鼓励大家要趋向正面的态度，而不要采取反面的态度。换句话说，我们必须关注我们的问题，但是不能忧虑。关注和忧虑之间的分别是什么呢？让我再说明白一点。每一次我要通过交通拥挤的纽约市街时，我就会很关注我正在做的这件事——但是并不会忧虑。关注的意思就是要了解问题在哪里，然后很镇定地采取各种步骤去加以解决，而忧虑却是发疯似地转着小圈子。

一个人可以关注一个严重的问题，但仍然要昂首阔步，正常度日。

罗威尔·托马斯就是这样的一个人。他和助手们至少到过六个战场拍摄纪录片。他拍摄劳伦斯与阿拉伯军队的纪录片，拍摄艾伦比征服圣地的影片。他以“巴勒斯坦的艾伦比与阿拉伯的劳伦斯”为题的演讲，在伦敦和世界各地引起轰动。伦敦传统的歌剧节为此延后六周，以便他继续在皇家歌剧院娓娓动听地叙述他惊心动魄的故事并放映纪录片。在轰动伦敦之后，他又在世界各地掀起了一阵旋风。后来，他又花了一年时间拍摄他在阿富汗生活的纪录片。

然而，不幸的事却接踵至，最不可能的事发生了：他在伦敦宣告破产。

当时我正好跟他在一起，我还记得，那时候我们不得不在街口的小饭店吃最便宜的食物，如果不是托马斯向一位艺术家朋友借了点钱，我们甚至连那一点菲薄的食物也吃不到。

对这个故事我想说的是：罗威尔·托马斯在巨大的债务和挫折面前，也只是关心他自己的问题，而并非真正忧虑。

他知道，如果被击倒，对任何人来说，他将变得一文不值，包括他的债权人在内。每天早晨出门前，他一定在牛津街上昂首挺胸，他积极、有勇气，拒绝被挫折打倒。

对他来说，挫折是人生的一部分！

如果你要到达成功的巅峰，这是一种最有意义的磨炼。

我们的精神状态，对我们的身体和力量，也有着令人难以相信的影响。著名的英国心理学家哈德飞，在他那本非常了不起的只有 54 页的小书《力量心理学》里，对这种力量有惊人的说明。“我请来三个人，”他写道，“以便实验心理对生理的影响。我们以握力计来度量。”哈德飞要那三个人在三种不同的情况下，尽全力抓紧握力计。

在一般的清醒状态下，他们的平均握力是 101 磅。

然后将他们催眠，并告诉他们，他们非常虚弱。实验的结果，他们的握力只有 29 磅——还不到他们正常力量的 1/3。

最后哈德飞再让这些人做第三次实验：在催眠之后，告诉他们非常强壮，结果他们的握力平均达到 142 磅。当他们在思想上认定自己有力量之后，他们的力量几乎增加了 50%。这就是我们难以置信的心理力量。

为了说明思想的力量，让我告诉你一个惊人的故事，我一直想为这个故事写一本书，不过我只在此简述一下。

一个十月的夜晚，美国内战刚结束不久，无家可归的艾太太在街上茫然游荡，她晃到一个退休船长的太太——韦太太家门前敲门。韦太太打开门看到一个可怜的瘦小女人：体重不会超过 100 磅，一身皮包骨头。陌生女人解释说，她正在找个落脚的地方，思考并解决日夜困扰她的问题。韦太太说道："那就在这里留一宿吧！这间大房子里只有我一个人。"

后来，韦太太的女婿刚好从纽约来此地度假，发现艾太太住在家里，立刻咆哮道："我不可以让一个无赖住在家里！"他把那个无家可归的女人赶出了门。

艾太太在雨中呆站了几分钟，只好在街上找个遮蔽处。

这个故事的惊人之处是：被韦太太女婿赶出去的这个"无赖"，后来竟成了世界上极具思想影响力的女性——玛丽·贝克·迪，她有几千万信仰者——因为她正是基督教科学派的创始人。

不过，当时生命对她而言只是一连串的病痛、愁苦与悲剧。第一任丈夫在婚后不久即去世了。接着她被第二任丈夫遗弃，不过第二任丈夫在爱上了有夫之妇后，最后死于贫民窟。她只有一个儿子，可是因为贫病交加，不得不在他四岁时送给别人抚养，三十五年来未曾见过他。

她失去了一切。因为自己健康状况太差，几年来她一直对被她自己称为"心灵治疗学"的极感兴趣。然而，真正戏剧性的转折是发生在麻省的那个寒冷的夜晚里，她一个人游荡街头，在结冰的人行道上，她滑倒了，摔得人事不知。她的脊背受了重伤，引起全身痉挛。连医生都宣告了她的死亡，即使发生奇迹，能够活下来也将终生瘫痪。

几乎躺在床上等死的她，哆嗦着打开她的圣经，她认为自己受到圣灵的引导，她看到马太福音上的一段话："一个不能行走的人，来到耶稣跟前……耶稣对他说：'孩子，平安吧！我已经赦免了你的罪恶……站起来——拿出信心来，回家去吧！'于是那个人就走回去了。"后来，她宣称，是耶稣的话在她内心产生力量，是一种真正的信念，一种治愈一切疾病的力量，使她"立即下床走路"。

她说："那次经验引导我发现治疗我自己和治愈别人的方法……我有科学的依据，我认为这都是人内心的力量，是一种心理现象。"

就这样她创立了一种新宗教：基督科学——惟一由女性创立的伟大宗

教信仰，现在已流行全世界。

你现在一定在想："这个卡耐基已经归依基督学教了。"错了，我不是基督学派的教友。只不过，随着年事愈长，我愈深信思想的巨大力量。

从许多年我教授成人的经验，我知道人真的可以通过改变想法来克服忧虑、恐惧、各种病痛，甚至获得成功而改变人生。我知道！我确信！

我亲眼目睹这种改变不下几百次，我见过这么多，我一点都不怀疑了。

活了半百，如果我真学到什么，那就是："除了你自己，没有别人能带给你平安。"

我只是想再重复一次爱默生在他那篇叫做《自信》的散文里所说的那句结束语："一次政治性的胜利，地产收益提高了，你的病体康复了，久未晤面的朋友出现了，或任何其他外来的事物，使你士气高昂，你以为好日子就在前面。切勿轻信，世事并非如此。除了你自己，没有别人能带给你平安。"

斯多喀学派宗师艾匹克蒂塔曾经警告我们，扫除不恰当的心理比割掉身上的毒瘤还要重要。

艾匹克蒂塔说这句话是 19 世纪前，不过现代医学还是支持他的说法。罗宾森医生宣称五位住进霍普金斯医院的病人中就有四位受到情绪和压力的困扰，而器官失调之类的病更是如此。

"归根结底，这些病都归咎于对生活调适不当。"他说。伟大的法国哲学家蒙田把下面这句话奉为他一生的座右铭："伤害人的并非事件本身，而是人对事件的看法。"

而对事件的看法完全取决于我们自己。

一定要正视自己的不完美

没有完美的世界，也没有完美的人生，有时目标往往与现实就差那么一点点。如果你抱着自己的完美理想不放手的话，就会招惹来无穷无尽的烦恼的纠缠，常常生气。相反，在完美与不完美间寻找一个平衡点，你将会生活得轻松快乐很多。

有时候人们会被这种在生活中或是工作中吹毛求疵、追求完美的压力所蒙蔽。认为只有做的“更好”才会使自己更加快乐，其实，大可不必，有时候你的缺陷也是一笔可观的人生财富，所以，没必要为自己的缺陷而生气。

有这样一个人：孩子没有那么聪明，妻子没有那么漂亮，家里也没有太多的钱。他总为自己的这些缺憾而不快乐，他为孩子的愚笨而伤心，为妻子的丑陋而痛苦，更为自己的贫穷而自卑，他实在不堪忍受上帝的这种安排，于是就祈求上帝改变自己的命运。

这个人一直为自己祈祷了三年，上帝终于被他打动了，于是对他说：“如果你在世间找到一位对自己命运满意的人，我就弥补你所谓的缺憾。”

这个人一听高兴极了，于是就开始了他的寻找历程。

一天，他投宿一户人家，看到主人不仅家中殷实，妻子也很漂亮，夫妻俩还有个聪明的儿子。于是这个人就问主人：“你一定拥有一个完美的家庭吧？”

主人回答：“哪里呀，你看到的只是外表，你知道吗？我妻子有严重的哮喘，我的孩子患有癫痫，家中虽然有点钱，可是，每年为妻儿看病都会花去很多钱。每家都有难念的经呀，可能只有国王的人生才是完美的。”

于是，这个人找到国王问道：“万岁，您有至高无上的皇权，有享受不完的荣华富贵，您对自己的命运满意吗？”

国王叹道：“我虽贵为国君，却日日寝食不安，时刻担心有人想夺走我的王位，忧虑国家能否长治久安，我能否长命百岁，还不如一个快乐的流浪汉！”

于是，这人又去找了一个正在晒太阳的流浪汉，问道：“流浪汉，你不必为国家大事操心，可以无忧无虑地晒太阳，连皇上都羡慕你，你对自己的命运满意吗？”

流浪汉听后哈哈大笑：“你在开玩笑吧？我以乞讨为生，无家可归，怎么可能对自己的命运满意呢？”

就这样，这个人走遍了世界的每个地方，访问了各行各业的人，所有的人都对自己的命运怨声载道。这个人终有所悟——人生都有缺憾，生活没有完美。

最后，上帝对他说：“你儿子不聪明，但是孝顺；你妻子不漂亮，但是体贴；你家庭不富有，但四季平安。你为什么不为这些感到快乐，而为那些不可避免的缺憾而痛苦呢？”

现实中，我们许多人都过得不够开心、不够惬意，因为我们对环境总存有这样或那样的不满，没有看到自己快乐的一面。也许你会说：“我并非不满，我只是指出还存在的问题而已。”其实，当你认定别人的过错时，你的潜意识已经让你感到不满了，你的内心已经不再平静了。

有一个不完整的圆为找回自己丢失的碎片，踏上了艰苦的滚动旅程。由于不完整它走得很慢，它尽情领略日出的壮观和日落的浪漫，一路滚来它与鲜花为伍，同昆虫做伴。它找到了许多碎片，但都不是它要找的那一块。终于有一天它实现了自己的愿望。然而，当它成了一个完整的圆后，它却无法控制自己的速度，由于滚动得太快，错过了沿途的美丽风景，错过了花开的时节，忽略了昆虫，它感受到从未有过的孤独。后来它意识到由于追求自己的圆满，而失去了太多后，它坚定地放弃了自己历尽艰辛找回的碎片。

人活在世间，不如意事十有八九，谁能事事顺心呢？其实人生永远不会完美，人生就是这样子，往往缺憾才是永恒的美。佛学中世界被称为“婆娑世界”，意思是能忍许多缺憾的世界。世界本来就是有缺憾的，如果没有缺憾就不能称为人的世界，人的世界就是由缺憾累积而成的，往往不完美才是完美，太完美了就变成了缺陷。我们在缺憾中生存，缺憾伴随我们一生，没有缺憾就是圆满，而圆满就是到达了终点，就是停滞。因为圆满，会使人失去了“咬牙切齿”奋斗的劲头。如此，圆满反而成了最大的缺憾了。断臂的维纳斯，她的美不仅仅征服了西方，也征服了全世界。曾几何时，多少艺术家使出浑身解数，想为她修复双臂，然而，欲成其美，却适得其反。许多悲剧之所以那么令人回味无穷就在于它的缺憾，留给观看的人很大的思考余地。正如狄德罗所说：“如果世界上一切都是十全十美的，那便没有十全十美的东西了。”月亮因为有阴晴圆缺，所以才那么丰富多彩。杰出、优秀者并非完美，奇才常常有大缺憾。著名影星玛丽莲·梦露，有人说她脸太短，身体则丰满得有点偏胖，然而她却被评为20世纪最美的女人。美国伟大的总统林肯，相貌丑陋，不修边幅，嗓音粗哑，但他却是历史上最完美的演说家。

想一想你觉得最得意的事

我们的生活大概90%都进行得很顺利，只有10%是有问题的，如果我们想要快乐，只需集中注意力在那90%的好事上，不去看那10%就可以了。

我们每天生活在美丽的童话王国里，但是，我们却看不见，感觉不到。为什么？

我认识哈罗·艾伯特好多年了，他以前是我的教务主任。有一天，他和我在堪萨斯城碰头，最后他开车送我到密苏里州贝尔城——我的农庄。路上，我问他是怎么得到快乐的，他告诉我一个我永远忘不了而且很有意思的故事。

“我以前常为很多事情而忧虑，”艾伯特说，“可是，1934 年春天的某一天，韦伯镇西道提街上的一幕景象使我以后永远不再感到忧虑。事情发生的前后只有 10 秒钟，可是在那 10 秒钟里，我学到的关于如何生活的事情，比过去 10 年里所学到的还要多。”

哈罗·艾伯特在韦伯城开过两年的杂货店，在那两年里，他不单是赔光了所有的积蓄，而且还借了债，花了 7 年的时间才还清。艾伯特的杂货店刚开了一个礼拜就关了门，当时他正准备到工矿银行去借点钱，以便到堪萨斯城去找一份差事。艾伯特就像一个一败涂地的人那样在路上走着，完全丧失了斗志和信心。突然之间，看见迎面来了一个没有腿的人，坐在一个小小的木头平台上，下面装着从溜冰鞋上拆下来的轮子，两手各抓一片木头，撑着地让自己滑过街来。艾伯特看到那个人的时候，他们两人的眼光遇个正着。那个人对艾伯特咧嘴笑了一笑，并且对他说：“你早啊先生，早上天气真好，是不是？”

艾伯特看着眼前的景象，突然发现自己是那么富有。

他对自己说：那缺了两腿的人都能做到的事，当然我也能做到。他立刻觉得自己的胸膛已经挺了起来。本来只是想去向工矿银行借 100 美元的，可是现在他有勇气借 200 美元。本来他打算到堪萨斯城去试试看能否找份差事的，但是，他现在相信自己能够找到一份好工作。现在，他在浴室的镜子上贴着下面的这几句话，好让自己每天早上刮胡子的时候能够读到：

人家骑马我骑驴，

回头看看推车汉，

比上不足，比下有余。

有一次我问艾迪·霍根伯克，当他毫无希望地迷失在太平洋中，和他的同伴在救生筏上漂流了21天之久时，他学到的最重要的一课是什么。“我通过那次经历学到的最重要的一课是，”他说，“如果你有足够的新鲜水可以喝，有足够的食物可以吃，就绝不要再抱怨任何事情。”《时代杂志》有一篇报道，讲到一个军官在关达坎诺受了伤，喉部被碎弹片击中，输了7次血，他写了一张纸条给他的医生，问道：“我能活下去吗？”医生回答说：“可以的。”他又另外写了一张纸条问道：“我还能不能说话？”医生又回答他说可以的。然后他再写一张纸条说：“那我还得担心什么？”医生回答：“你为什么不问自己：‘那我还有什么担心的？’”

生活赋予我们的事情，大概有90%都是对的，只有10%是错的。如果我们要快乐，我们所应该做的就是：集中精神在那90%对的事情上，而不要理会那10%的错误。如果我们想要担忧，想要难过，想要得胃溃疡，我们只要集中精神去想那10%的错事，而不管那90%的好事。

你和我，每一天，每小时，都能得到“快乐医生”的免费服务，只要我们能把注意力集中在我们所拥有的那么多令人难以置信的财富上——那些财富远超过阿里巴巴的珍宝。你愿意把你的两只眼睛卖1亿美元吗？你肯把你的两条腿卖多少钱呢？还有你的两只手、你的听觉、你的家庭？把你所有的资产加在一起，你就会发现你现在所拥有的一切绝不会就此卖掉，即使把洛克菲勒、福特和摩根3个家族所有的黄金都加在一起也不卖。

可是我们能否欣赏这些呢？啊，不能的。就像叔本华说的：“我们很少想我们已经拥有的，而总是想到我们所没有的。”世界上最大的悲剧在于，想象的痛苦可能比历史上所有的战争和疾病来得多。

约翰生曾说过：“能养成习惯看每件事最好的一面，真是千金不换的珍宝。”

我得提醒各位，说这句话的人可不是职业性的乐观主义者，事实上，他二十几年来深受焦虑、饥饿、穷困之苦，终于蜕化成为当时最著名的作家与评论家。

罗根·史密斯的一句话中包含了许多智慧：“人生有两项主要目标，第一，拥有你所向往的；然后，享受它们。只有最具智慧的人才能做到第二点。”

你想知道如何把在厨房洗碗的琐事变成令人兴奋的经验吗？推荐你读一读达尔所著的《我要看 !》

达尔是一位几近失明 50 年的妇人。她写道：“我仅存的一只眼上布满了斑点，所有的视力只靠左侧一点点小孔。我看书时，必须把书举到脸面前，并尽可能靠近我左眼左侧的仅存的视力‘区域’。”

但是她并不打算接受怜悯，也不想享受特别的待遇。小时候，她想和小朋友一起玩游戏，可是看不到任何记号，等到其他小朋友都回家了，她才趴在地上辨识那些记号。她把地上划的线完全熟记后，成为玩这个游戏的佼佼者。她在家自修，拿着放大字体的书，靠近脸，近得睫毛都刷得到书页。她修得两个学位：明尼苏达大学的学士及哥伦比亚大学的硕士。

她开始在明尼苏达州一个小村庄教书，到后来却成为南达柯达州一个学院的新闻文学教授。她在当地任教了 13 年，并常在妇女俱乐部演讲，上电台节目谈书籍与作者。她在书中写道：“在我内心深处，始终不能祛除完全失明的恐惧。为了克服这一点，我只有对人生采取开心甚至天真的态度。”

1943 年，她已经 52 岁，却发生了一项奇迹：极富盛名的梅梅育医院的一项手术，使她恢复了比以前好 40 倍的视力。

一个全新的令人振奋的世界展开在她的眼前。即使在水槽边洗碗对她也是一件令人兴奋的事。她写道：

“我把手伸进去，抓起一大把小小的肥皂泡沫，我把它迎着光举起来。

在每一个肥泡沫里，我都能看到一道小小的彩虹闪出来的明亮色彩。”

你和我应该感到惭愧，我们这么多年来每天生活在一个美丽的童话王国里，可是我们却视而不见，吃得太好却不能享受。

我们永远不要心存报复

耶稣说：爱你的敌人。即使我们没有办法去爱我们的敌人，最起码也应该多爱自己一点，我们不应该让敌人控制我们的心情、健康和容貌。

当我们对敌人心存仇恨时，就是赋予他更大的力量来压倒自己，给他机会控制自己的胃口、血压、睡眠和健康，甚至心情。如果敌人知道会给我们带来那么多的烦恼，他一定高兴极了。因为憎恨伤不了敌人一根毫毛，却把我们自己的日子弄成了炼狱。

瑞典的乌普萨拉有一位名叫约翰·罗纳的先生在维也纳从事律师工作。第二次世界大战前他回到了瑞典。当时他身无分文，急需找到一份工作。他能说好几种语言，所以他想找个进出口公司担任文书工作。大多数公司都回信说由于战争的缘故，他们目前不需要这种服务，但他们会保留他的资料，等等。其中有一个人却回信给罗纳，说罗纳对他们公司的想象完全是错误的，他们根本不需要文书。即使真聘用，也不选一个像他那样连瑞典文字都写不好的人。罗纳收到此信时，非常气愤。这个瑞典人竟然敢说他不懂瑞典话，他自己的回信才是错误百出。于是罗纳写了一封足够气死对方的信。刚要寄出，他马上想到自己虽学过瑞典文，但它并非是自己的母语。也许真是自己犯了错误，若真是这样，自己应该加强学习才行。这个人可能还帮助了自己，虽然他表达得很糟糕。于是罗纳撕毁了那封信，决定再写一封感谢信。信的内容是这样的：他们根本不需要文书，还给自己回信，真是太好了。信中还说自己对他们公司判断错误，实在抱歉。写那封信是因为当时有人告诉自己他们是这一行业的领袖。自己不知道自己犯了文法上的错误，很惭愧。但自己会更努力学习瑞典文，减少错误，并且感谢。几天后，罗纳收到了回信，对方请他去办公室见面。罗纳如约前往，并得到了工作，罗纳自己找到了一个方法“以柔和驱除愤怒”。

有人问艾森豪威尔将军的儿子，他父亲是否怀恨敌人。他回答说：“父亲从不浪费一分钟去想那些他不喜欢的人。”

有一句话说，不能生气的人是傻瓜，不会生气的人才是智者。

前纽约市长威廉·盖伦就以此作为他从政的原则。他曾遭枪击，险些致命。当他躺在床上挣扎求生时，他说自己每晚睡觉前，必原谅所有的人和事。德国哲学家叔本华在他的《悲观论》中，把生命比成痛苦的旅程，然而在绝望的深渊中他仍说，如果可能，任何人都不应心怀仇恨。

加拿大的一个国家公园里有一座风景美丽的山，这座山是为了纪念英国护士艾迪丝·卡维尔于 1915 年 10 月 12 日在德军阵营中殉难而命名的。她当时在比利时的家中收留照顾一些受伤的法军与美军，并协助他们逃往荷兰。在她即将行刑的那天早上，军中的英国牧师到她被监禁的布鲁塞尔军营中看她，她说自己到现在才明白，光有爱国热情是不够的，她不应该怀恨和怨恨任何人。

1918 年，密西西比州有一位黑人教师兼传教士琼斯即将被处以死刑。还是第一次世界大战的时候，密西西比州流传的谣言说，德军将策动黑人政变。琼斯被判策划叛乱，并将被处以死刑。当时，一群白人在教堂外听到琼斯在教堂内说：生命是一场搏斗，黑人们应拿起武器，为争取生存和成功而战。这些白人青年听到了“战斗、武器”，激动地冲入教堂，用绳索套上琼斯，把他拖到一英里远，推上绞台，燃起木柴，准备绞死他。这时有人叫道：让他说话。于是琼斯站在绞台上，脖子上套着绳索，开始谈他的人生与理想。

他 1907 年从爱达荷大学毕业。毕业时，有人请他加入旅馆业，有人愿出钱资助他接受音乐教育，都被他拒绝了。因为他受到布克·华盛顿的影响，立志去教育他贫困的同胞兄弟。于是，他前往美国南方找到了一个最落后的地方，也就是密西西比州的一个偏僻地区，把自己的手表当了 165 美元，就在野外开始办学校。琼斯面对这些准备处死他的愤怒人群，诉说自己为教育那些失学的孩子如何奋斗，想将他们训练成有用的农民、工人、厨师和管家。他也告诉那些白人，在他兴办学校的过程中，一些白人曾送他土地、木材、猪、牛、羊，还有钱，协助他完成教育工作。

当听到琼斯如此真诚动人的谈话，特别是他不为自己求情，只为自己的使命请求时，暴民们开始软化了，最后几个老人说，他们相信他说的都是真的，他是在做善事。他们应该帮助他，而不应处死他。并且老人们在人群中为他募捐了 52 美元，以献给他的教育工作。

事后曾有人问琼斯，他是不是非常怨恨那些准备绞死他的人。他的回答是，他当时忙着诉说比自己更重大的事，以致无暇憎恨。

琼斯兴办的学校，现在已经成为一所全美著名的学校了。

从赫登的《林肯传》中可以看出，林肯从不依自己的好恶去判断人。他总是认为他的敌人也像任何人一样能干。如果有人得罪他或对他不逊，但若是最合适的人，林肯还会请他担任职位，就像对朋友一样，毫不犹豫。

林肯曾给侮辱过他的人委任相当高的职位。像麦克隆、施瓦特、史丹顿以及莱斯。按赫登的说法，林肯相信，没有人应因其作为而受到赞扬或责难，因为每个人都受到教育条件及环境所影响，形成的习惯和特征造就了自己的目前及未来。

林肯也许是对的。如果每个人都像自己的敌人一样承袭了同样的生理、心理及情绪的特征，如果每个人的人生也完全一样，那可能会做出跟敌人完全一样的事。因此，与其恨自己的敌人，还不如让我们怜悯他们，与其诅咒报复敌人，还不如给他们谅解、同情、援助、宽容，以及为他们祈祷。

分享让生活的快乐加倍

一天，我和朋友基德在谈论分享这个话题，我们大致将其做了如下归纳：

分享是一种美德，把自己的东西与别人一起分享，一些零食也好，一次愉快的经历也好，当你选择与别人分享，就是把他们放在了你心中重要的位置，想到快乐就会想到他们。

分享是一种需要，没有人拥有世间所有的美好，如果每个人都有一个想法，我把我的告诉你，你把你的告诉我，那么我们每个人就都拥有了两个想法。同理推知，如果每个人都能够分享，那么我们就可以拥有自己原本没有的东西，让自己和他人都更加幸福。

分享是一种境界，与广场的鸽子分享你的面包，与水池里的金鱼分享你的饼干，与朋友分享你的快乐和忧伤。如果你有很多能够用来分享的东西，那你的生活会有意义，会有能与之分享的人，那么你的周围还有朋友。

我觉得自私是万恶的根源，不要以为自私就能给自己带来利益，自私带给你的只有孤立，这样的生活充满悲哀，不是吗？不懂得分享，有时还会让你落入痛苦的深渊。接着，基德给我讲了一个故事：

一天，上帝看到地狱的入口有无数生前作恶的人，他们每个人的脸上都显示出无比痛苦的表情。

这时，一个恶霸抬头看到了慈悲的上帝，马上祈求上帝道：“救救我吧。慈悲的上帝，不要让我进入地狱，我一定改过自新。”

上帝知道，这个人生前是个十恶不赦的恶霸，他不仅抢劫他人财物，还残杀生灵，连小孩子都不放过，惟一的善举是，有一天他在走路时，刚要踩到一只小蜘蛛，不知道为何突然心生善念，稍稍移开了脚步放过了那只小蜘蛛。上帝看他还有一点善心，于是决定就用那只小蜘蛛的力量让这个强盗离开地狱之门。

于是，上帝从地狱之口放下去一根蜘蛛丝，于是，恶霸紧紧地抓住了这根救命的稻草——蜘蛛丝，然后拼命向上爬。可是，其他在地狱门口等待接受煎熬的人看到这根蜘蛛丝都蜂拥着抓住不放，慢慢地，蜘蛛丝吊了很多人。恶霸看到自己下面的人越来越多，担心这根细细的蜘蛛丝不能承受这么多人的重量，便从身上取出一把刀子，割断了自己身下的蜘蛛丝。可是，就在蜘蛛丝被砍断的一瞬间，蜘蛛丝突然消失了，所有的人又跌回到地狱的入口。当然恶霸也没有脱离苦海。

实际上，假如这个恶霸能够与他人分享生存机会，上帝就会救他脱离苦海。但是他没有做到。所以，他也失去了离开地狱的机会。

“有时候，许多东西不是你与别人分享了，你就会失去它，而是，只有当你与别人分享的时候，你才会得到更好的结果。”基德说。其实，我们都知道，生活中那些懂得与人分享的人其实是最幸福的人，他们在与人分享的时候能够感觉到情绪的释放或者快乐的蔓延。当这些情绪得到传播之后，痛苦的感觉会随风而散，快乐的感觉却会瞬间在每一个人的心中盛开。

没有分享就不可能取得较大的成功，更不可能赢得别人的喜爱。所以，为了不成为一个失败的人，你必须懂得分享，和家人、朋友甚至是陌生人共同分享生命中的美好。

我的太太曾经对我说了这样一段经历：有一天，她在车站候车，在开车之前她还有好几个小时时间，她买了一袋松饼后找了个地方坐下，拿出一本书专心致志地看了起来。她无意中看到坐在她旁边的男人，竟然从袋子里抓起一块松饼，如此无耻！她想了一想，还是算了，不要发脾气，没想到，那个人又拿起了第二块！

当那个“贼”继续拿走她的松饼的时候，她越来越气愤，她想：“如果我不够大度，我一定会把他打得鼻青脸肿！”她每拿一块松饼，他也跟着拿一块。当只剩一块时，“他会怎么做呢？”她猜测着。他显得有些拘谨，脸上浮现出笑意，他小心翼翼地抓起了最后一块松饼，分成两半，递给她半块，自己吃了另一半。

她从他手中抢过半块松饼，想到：“啊，天哪，这个家伙还算是有良心，但他确实很无礼，为什么连感谢的话都不说一句？”她赌气似地吃完了半块饼，这时，她听到了开车的通知，她想总算可以离开这个可恶的家伙了，急忙收拾起自己的行李向门口走去，连一眼都没有看那位“忘恩负义的偷松饼的贼”。

她坐上车，坐到自己的座位上，打算继续看书。当她把手伸进行李包，手却摸到了那一袋松饼，原来自己才是偷别人的饼吃却没想要道歉或者感谢的忘恩负义的人。

那个先生却为了保持一个女士的自尊，免得她窘迫不好意思，毫无怨言地与她分享了自己的松饼。

从这件事看出，与家人分享不难，与朋友分享也不难，难就难在与素不相识的陌生人分享。因为你们之间没有任何涉及付出和责任的关系，彼此的生老病死都不在另外一个人所关心的范围之内，因此一个能够毫无怨言地与陌生人分享食物、分享快乐，甚至只是分享一个微笑的人，必定是一个心胸博大、热爱生活的人。胸怀博大的人与普通人的区别就在于，他们善于克服自己自私的一面，至少能够表现出比别人少一点的自私自利。这也是他们在人生路上受欢迎、受尊敬的原因，也是能够在生活的点点滴滴之中发现真善美的原因。

懂得分享，你的快乐也会带给别人快乐的感觉，你的幸福也是爱你的人的幸福，你的悲伤会有关心你的人给你安慰，你的心痛会有人给你安慰和拥抱。我们分享所有的美好，我们分享所有的甜蜜，当快乐从一个人传递到两个人再到四个人再到更多，世界也就快乐了起来。把你的快乐告诉别人，你也将得到别人的快乐。与人分享吧！生命因为分享而更加美丽。

说说笑笑是医治不快乐的药

一个人可能不会遭遇长时间的痛苦，但一定会遇到短暂的不快。比如，突然遭遇他人的刁难，突然发生让自己尴尬的事，等等。正是这些短暂的不快在侵蚀我们的幸福。我们要学会驱赶那些短暂的不快，迅速回到幸福的生活轨道上来。那么，遭遇短暂不快，我们该如何去调整自己呢？告诉你，是幽默，幽默是快乐的酵母，幽默能让不快走开。

我有一位朋友是一个航海家，他在物色水手时，除了要求具备强健的体魄、丰富的知识和娴熟的技能外，还有一个与众不同的特殊条件——幽默感。因为他认为，幽默能最大限度地抑制精神危险，在充满危险的航海过程中，幽默能稳定情绪，活泼气氛，同时作为一种心理防卫机制，能使处于沮丧困苦中的人放松紧张的心理，降低心理压力，缓和内心冲突，排除内心的紧张和抑郁，解放被压抑的情绪，调节和保持心理健康。所以，心理学家们主张用幽默和笑来战胜不良情绪对人们心理的侵蚀和损害。

幽默是什么？仅仅是一句引起大家捧腹大笑的诙谐的言语吗？仅仅是一个发人深省的故事吗？幽默的作用不仅仅是让人发笑，发笑只是它最肤浅的表现，幽默比笑更有深度，其产生的效果远胜于咧嘴一笑。

一次，著名的钢琴家波奇在密西根州的福林特城演奏时，发现大大的音乐厅中观众不到半数。见此这样的情景，他很失望，但他很快调整了情绪，满面笑容地走到舞台前对观众说：“看到这样的场面，给我的第一感觉就是福林特城的人很有钱，看，你们一个人买了两个座位的票！”

观众们为波奇的妙语所打动，话音刚落，掌声雷动，观众对这位钢琴家立刻产生了好感，没有一个观众在半途退场，聚精会神地欣赏完他的钢琴演奏。

正是波奇的幽默改变了自己的处境，使他的演出十分成功。不然，这件事会让波奇伤心很久。

如果波奇看到观众稀少的场面而一气之下出语伤人，甚至一走了之，恐怕事情的结果便是一拍两散，以这种态度处世，恐怕他永远也不会成为一名钢琴家。在生活中会遭遇到尴尬的处境，这时如果用几句幽默的语言来自我解嘲，就能用笑声缓解尴尬的气氛，从而使自己走出困境。所以一位心理学家说：“幽默是一种最有趣、最有感染力、最具有普遍意义的传递艺术。”

人们往往会有这样的体会，一句幽默的话、一个风趣的故事，会使人笑逐颜开。所以幽默能使剑拔弩张的气氛变得更轻松、融洽。

据说爱迪生在发明白炽灯泡的过程中，失败了很多次。一个商人当众讽刺他是个毫无成就的人，众目睽睽之下，爱迪生没有恼羞成怒，反而哈哈大笑，说道：“我已经有很大的成就了。谁说失败就不是成就呢？我至少证明了这 1200 种材料不适合做灯丝啊！”

当爱迪生最终成功地发明了灯泡时，在一个大型的社交场合，一位夫人态度傲慢地问他：“请问爱迪生先生，您耗费这么多精力来研究这个小东西，它到底有什么用呢？”面对无知者对于自己辛苦工作成果的否定和怀疑，爱迪生反而彬彬有礼地反问了一句：“夫人，请问您是否能准确预期一个新生的婴儿将来长大了会有什么发展呢？”那位夫人无趣地走开了。

我们都认识到，我们的所作所为也许在一时不会为大多数人所理解，甚至会暂时遭到质疑、诽谤。当面对这种尖锐的场合时，面红耳赤的争辩和寸步不让的吵闹往往会使事情越搞越僵，导致大家不欢而散，甚至结怨终生，而幽默正是化解人类矛盾的调和剂。它是一种艺术，以一种愉快的方式调整人际关系；幽默是人际关系的润滑剂，它以善意的微笑代替抱怨，避免争吵，使自己与他人的关系变得更有意义。所以，幽默是一种力量，一种可以减轻压力、缓和人际关系、摆脱逆境的力量。

不要期待别人的感恩

忘记感谢乃是人的天性，如果我们一直期待别人的感恩，多半是自寻烦恼。

我最近碰到一个气愤填膺的人，有人警告我碰到他 15 分钟内他就一定会谈起那件事。他果然如此。令他气愤的事发生在 11 个月前，可是他还是一提起就生气。他简直不能谈别的事。他为 34 位员工发出了 1 万美元圣诞节奖金——每人差不多 300 美元——结果没有一个人感谢他。他抱怨说："我很遗憾，我居然发给他们奖金。"

"一个愤怒的人，浑身都是毒。"我衷心同情面前这位浑身是毒的人。他有 60 岁了。保险公司统计我们的平均寿命是目前年龄与 80 岁之间差数的 2/3。这位仁兄——如果他够幸运——大概还有十四五年可活。结果他浪费了有限余年中的将近一整年，为过去的事愤恨不平。我实在同情他。

除了愤恨与自怜，他大可自问为什么人家不感激他。

有没有可能是因为待遇太低，或是员工认为圣诞节奖金是他们应得的部分。也许他自己是个挑剔又不知感谢的人，以致别人不敢也不想去感谢他。或许大家觉得反正大部分利润都要缴税，不如当成奖金。

不过反过来说，也可能员工真的是自私、卑鄙、没有礼貌。也许是这样，也许是那样。我也不会比你更了解整个状况，我倒是知道英国的约翰生博士说过："感恩是极有教养的产物，你不可能从一般人身上得到。"

我的重点是：他指望别人感恩乃是一项一般性的错误，他实在不解人性。

如果你救了一个人的性命，你会期望他感恩吗？你可能会。塞缪尔·列勃维治在他当法官前曾是有名的刑事律师，曾拯救了78个罪犯免上电椅。你猜猜看其中有多少人曾登门道谢，或至少寄张圣诞卡来？我想你猜对了———个都没有。

耶稣在一个下午使十个瘫子起立行走——但是有几个人回来感谢他呢？只有一位。耶稣环顾门徒问道："其他九位呢？"他们全跑了，谢也不谢就跑得无影无踪！让我来问问大家：我这样平凡的人给了人一点小恩惠，凭什么就希望得到比耶稣更多的感恩？

如果跟钱有关，那就更没指望啦！杰克·舒瓦伯告诉我，他曾帮助过一位银行出纳，这个银行出纳挪用银行基金去炒股票而造成亏损，舒瓦伯帮他补足金额以免吃上官司，这位出纳员是否感谢他呢？是感谢他，但只是一阵子，后来那位出纳员就开始跟这位曾经帮助自己脱离牢狱之灾的人作对。

你如果送你亲戚100万美元，他应该会感谢你吧？安德鲁·卡耐基就资助过他的亲戚，不过如果安德鲁·卡耐基重新活过来，一定会很震惊地发现那位亲戚正在诅咒他呢！为什么？因为卡耐基遗留了3亿多美元的慈善基金——但那位亲戚只继承了100万美元。

人间之事就是这样。人性就是人性，你也不用指望会有所改变，因此何不干脆接受呢？罗马最有智慧的帝王莫库兹·阿力留斯，有一天在日记中这样写道：

“我今天会碰到多言的人、自私的人、以自我为中心的人，忘恩负义的人。我不必惊讶或困扰，因为我还想象不出一个没有这些人存在的世界，会是一个什么样的世界。”

他说的不是很有道理吗？我们天天抱怨别人不会知恩图报，到底该怪谁？这是人性——还是我们忽略了人性？

不要再指望别人感恩了。如果我们偶尔得到别人的感激，就会是一件惊喜。如果没有，那也不必难过。忘记感谢乃是人的天性，如果我们一直期望别人感恩，多半是自寻烦恼。

我认识一位住在纽约的妇女，整天抱怨自己孤独。没有一个亲戚愿意接近她，而如果有人看望她，她会花几个钟头喋喋不休地告诉你，她侄儿小的时候，她是怎么照顾他们的。他们得了麻疹、腮腺炎、百日咳，都是她照看的，他们跟她住了许多年，还资助一位侄子读完商业学校，直到他结婚前，他们都住在她家。

这些侄子回来看望过她吗？噢！有的！有时候！完全是因为义务性的。他们都怕回去看她，因为想到要坐几个小时听那些老调、无休无止的埋怨与自怜。后来，她发现威逼利诱也没法叫她的侄子们回来看她后，她就使出最后一个绝招——心脏病发作。

这心脏病是装出来的吗？当然不是，医生也说她的心脏相当神经质，常常心悸。可是医生也束手无策，因为她的问题是坏情绪所致。

这位妇人要的是别人的感恩，可惜她大概永远也得不到。

为人父母者一向怨恨子女不知感恩。即使莎士比亚戏剧中的主人翁李尔王也不禁喊道：“不知感恩的子女比毒蛇的利齿更痛噬人心。”可是如果我们不教育他们，为人子女者怎么会知道感恩呢？忘恩原是天性，它像随地生长的杂草。感恩则有如玫瑰，需要细心栽培及爱心的滋润。

如果子女们不知感恩，应该怪谁？也许该怪的就是我们自己。如果我们从来不教导他们向别人表示感谢，怎么能期望他们来谢我们？

我认识一位住在芝加哥的朋友。他在一家纸盒厂工作得很辛苦，周薪不过40美元。他娶了一位寡妇，她说服他向别人借了钱送她两个前夫的儿子上大学。他的周薪得用来支付食物、房租、燃料、衣服及缴付欠款。他像苦力一样苦干了四年，而且从不埋怨。

有人感谢他吗？没有，他太太认为是理所当然的，那两个儿子当然也是一样。他们一点也不觉得对这位继父有任何亏欠，即使只是道谢一声。

怪谁呢？这两个儿子吗？也许！可是这位母亲不是更不该吗？她认为这两个年轻的生命不应该有这种义务的负担，她不要她的儿子“由负债”开始他们的人生。因此她从没想到要说：“你们的继父资助你们念大学，多好的人啊！”相反的，她的态度却是：“噢！那是他起码该做到的。”

她以为没有加给他们任何负担，可是实际上，她让他们产生了一种危险的想法，认为这个世界有义务让他们活下去。果然后来，其中一位男孩想向老板“借”点钱，结果身系囹圄。

我们一定得记住，孩子是我们造就的。举例来说，我姨母从来不抱怨儿女不知感恩。我小的时候，姨母把她母亲接去照料，同时也照料她的婆婆。我现在仍记得两位老人家坐在壁炉前的情景。她们有没有麻烦我姨母？我想一定很不少，不过从姨母的态度上一点也看不出来。她真的爱她们，对她们嘘寒问暖，让她们感觉到家的温暖。而她自己还有六个子女，但她从不觉得自己做了什么伟大的事。对她来说，这一切只不过是再自然不过的事，是正确的事，也是她愿意做的事。我这位姨母已经孀居了二十几年，她的五位成年子女都欢迎她，希望她到他们家去一起住。她的子女们对她钟爱极了，从不觉得厌烦。是出于“感恩”吗？当然不是啦！这是真正的爱！这几位子女由孩童时代就生活在慈善的气氛中。现在需要照顾的是他们的妈妈，他们回报同样的爱，不是再自然不过了吗？

我们不要忘了，要想有感恩的子女，只有自己先成为感恩的人。我们的所言所行都益发重要。在孩子面前，千万不要诋毁别人的善意。也千万别说："看看表妹送的圣诞礼物，都是她自己做的，连一毛钱也舍不得花！"这种反应对我们可能是件小事，但是孩子们却听进去了。因此，我们最好这么说："表妹准备这份圣诞礼物，一定花了她不少时间！她真好！我们得写信谢谢她。"这样，我们的子女在无意中也养成赞赏感激他人的习惯了。

爱不是一朝一夕之功，它需要持续不断地投入。有时，这看起来完全是毫无希望的。但越是这时候，越需要坚持。我们行善，不可丧志。若不灰心，到了时候，就有收成。

自私是快乐的极大阻碍

生活是很简单的，但是，由于人的自私，使生活变得很复杂。有了自己的孤独，也增加了别人的痛苦，而自己还不知道是怎么回事，自己还会很无辜地问别人："你们为什么总躲我呢？"这种人在生活中从不顾及他人的感受，只图自己高兴，甚至根本无法意识到自己伤害了他人。这种人是可耻的，他们不懂别人的感受，不理解别人的心，他们只会为自己的欲望而不管不顾，一味地去拿别人的痛苦换自己的幸福！

自私是天性，它潜藏在每个人的内心深处，在成长过程中，我们懂得要不断地克服自私这一毛病，渐渐地使自己变得不那么自私自利。但是，有些人不但不克服反而让自私变本加厉。眼中除了自己，再也容不下其他任何人。

自私的人总是认为自己最重要，只有自己的东西才是来之不易的，所以他们对自己和自己所拥有的东西格外珍惜。要想让他们付出哪怕是一点点，他们都会觉得难以忍受，他们根本体会不到分享的快乐。这种唯我独尊的生活会给他带来他想要的一切吗？这样的人快乐吗？

有一位富人，他拥有的财富很多，可是却特别自私，好东西全都留着自己用，对自己的妻子、儿女很苛刻，对别人就更是吝啬。他从来不向别人吐露他的心事，不管是苦还是乐都是一个人独自感受着。时间久了，大家都不愿和他多说一句话，并且慢慢疏远了他。可是，他的年龄越来越大了，他开始觉得自己很孤独很不快乐。他想得到亲人的关心，朋友的亲近，但他却发现别人都不愿靠近他，甚至躲着他。

在一个大雪纷飞的夜晚，当他的家人都在谈笑风生的时候，他独自在外徘徊，他来到悬崖边想一死了之，却被一个流浪汉拦了下来，流浪汉问他为何想不开，是女不孝，还是无依无靠，他说不是，流浪汉又问了他许多问题，可他一直都在摇头。最后，他忍不住哭了，并把大家对他的态度告诉了流浪汉，流浪汉在倾听的过程中也找到了原因。于是，流浪汉问："你现在的心情如何？"富人停止了抽泣，说："心情好像舒畅了一些。"流浪汉接着说："你的心情好了一点，是因为你让我分享了你的苦恼，既然和我分享能让你快乐，那为什么不和你的亲人分享呢？如果你愿意分享你的快乐、你的财富，也包括你的烦恼，你会找回你的快乐。你先前的不快乐和被大家疏远，是因为你把一切都看得太严、太紧，你太自私，不愿让别人与你分享。所以，你就把自己抛向了一个死角，由于你的自私你的世界越来越小，你感到越来越窒息。你要想不再孤独，就必须告别自私，学会分享。"

听完这番话，富人若有所思，他谢过流浪汉回家了。从那以后，他一改往日的吝啬和自私。慢慢地，大家终于接受了他，他的世界也变得宽阔起来，充满了欢声笑语。

自私的人一旦面临自己的利益与别人发生冲突时，会通过各种方式来满足自己的利益，甚至不计别人的损失。此外，自私的人在进行自私行为的时候，即使察觉到了自己的行为可能会损害别人的利益，也仍然会为自己的利益不择手段。这些人也许会得到一时的满足，但最终的结果都不是他们想要的。

自私的人只会打自己的那一个小算盘，眼里只有索取，不会有任何付出。想一想吧，小算盘怎能算大账呢？不付出怎会有更大的收获呢？

我的邻居杰姆是一个探险者，杰姆曾经从远方带回了一种非常名贵的花卉，他想通过自己的培育，过几年可以大赚一笔。杰姆精心呵护着这些名贵的花卉，每日浇水施肥从不敢怠慢。不久，他得到名贵花卉的消息传开了，许多亲戚朋友都来向他要花卉的种子，原本慷慨大方的杰姆却一粒也舍不得给。他计划通过三年繁育，就可以拥有上万株了，到时候再开始出售和馈赠。

第二年的春天，杰姆种的花都开了，他的花园里姹紫嫣红，尤其是那些名贵花卉开得格外漂亮。到第二年春天，这些名贵的花卉已经有几千株了，但让他忧心的是花没有去年开得好了，花朵不但小了，颜色也不纯了，有了一些杂色。又过了一年，花已经繁殖了上万株，但杰姆却更加忧心了，所有的花朵都变得更小了，颜色也更差了，完全没有了它们原本的雍容和高贵。当然，他也没能靠这些名贵的花大赚一笔。在原产地这些花大面积的生长，年复一年地种植，也没出现这种情况啊。这些花到底是怎么回事呢？他百思不得其解。他便去请教一位园艺师，园艺师来到他的花园看了看，便问："隔壁是否种植这种花？"他摇摇头说："这里除了我之外，没有人有这种花。"园艺师沉吟了半天说："我已经知道原因了，尽管你的整个花园种满这种名贵之花，但在你附近的花园里却种植着其他的花卉，你这种名贵的花卉在传粉的过程中，被附近花园的花粉污染了，所以你的花才会开的一年不如一年。"杰姆问园艺师该怎么办，园艺师说："谁能阻挡风呢？要想使你的花名贵依旧，只有让你附近的花园全都种上这种花。"听完后杰姆很惭愧，于是他就把名贵之花的种子分给了自己的邻里亲朋，第二年春暖花开的时候，整个村子的花园几乎成了花的海洋，花色绚丽，雍容华贵。杰姆真的大赚了一笔，当然，那些喜欢花卉的邻居也跟着杰姆一起都发了财。

人生有太多的东西需要分享，只有分享才能获得更多，只有分享才会有快乐。自私的人很难与别人建立一种亲密的关系，自私心只会把他们领进失败者的队伍中。特别是在当今社会，没有合作很难成就一番事业，更谈不上有较大的成功。

利己也利他，做到双赢才能把事情做成功。分享能让我们的胸怀变得更加宽广，使我们的生活也更加精彩。这是自私者永远也体会不到的快乐。赶快告别自私吧！快乐会回到我们身边。

给自己留出生存空间

在纽约，有很多没有成功的人在年轻时的生活模式几乎一样，他们一味地放纵自己。他们没有安排时间的概念；他们总是懒洋洋地，只凭本能和感觉生活。他们想做什么就做什么，过得随心所欲，浑浑噩噩，肆意挥霍大把大把的时间。他们根本没有意识到：要留一点属于自己的时间，与自我的心灵对话，看清自己，认识自我，扩大自我的生活空间，重塑自己的生命力。

18 世纪法国最杰出的启蒙思想家卢梭曾告诫世人："我在世间就这样孑然一身。没有兄弟，没有邻居，没有朋友，没有社交圈子。我跟人之间的一切联系都被粗暴地斩断了。我脱离了一切，我自己又成了怎样一个人了呢？这就有待于我去探索了。要进行这样的探索，我就不得不对自己的处境先做一番回顾：我必须通过这番思索，才能重新认识自己。"

卢梭是多么珍惜与自我心灵对话的机会啊！因为他亲身体验了这样做对人生的重要性。他之所以成为了"前无古人，后无来者"的伟大启蒙思想家，正是由于他学会了如何与自我心灵对话。就有许多伟大的宗教领袖经常选择远离人群，留给自己一定的时间和空间，与自我心灵对话。一段时间之后，他们会把与自我心灵对话后所得到的各种启示与众人分享。正是由于他们深刻而持久地与自我心灵交流，他们才能无限扩展自己的生存空间，才能获得更高的精神境界，从而成为了人类精神的伟大领袖。

你也许会说，他们都是些伟人，他们需要大彻大悟，而我们只是常人，不需要与自我心灵对话。如果你有这种想法那就是大错特错，生活中每一个有健全思维和情感的人，都应该与自我心灵对话。人与动物的主要区别就在于心灵，每一个人都不希望自己像动物一样生活，这说明了人是积极向上的，而人生更需要幸福、快乐和完美，这种自我心灵对话是生命组成的一部分，它随生命而来，随生命而去。

世界太大，而我们是如此的渺小。在这有限而又短促的生命中，需要我们承受的事情太多，这些事情压在我们脆弱的心灵之上，心灵如何承受啊？在生活中，我们感知周围的事物，形成自己的观点，做出相应的评价，这所有的一切都是通过我们的心灵世界来完成的。未来的成功要靠自己的心灵世界去创造，而心灵世界在现实的世界中越发地为许多事情所占有。我们每天都在忙忙碌碌，有时连自己忙些什么都搞不清楚，有多少是必须做的，又有多少是无聊琐事呢？每天留一点时间给自己吧，释放自己的心灵，看清自己，什么是我们最想做的，必须做的。让那些无关紧要的事情随风飘走吧，让自我的心灵去关注那些必须做的事情，更加看清自己的过去、现在以及未来，心灵的空间渐渐扩大，而成功的力量正是来自于这个空间。

我对人类的心理特征进行深入的探索和分析，我把演讲、推销、励志、智力开发融为一体，从而开创和发展了一种独特的成人教育方式。我的成人教育机构及其分支机构多达1700余个，可谓遍布世界。接受这种教育的，不仅有名星巨贾，各界领袖，也有军政要人，内阁成员，甚至还有几位总统。我吸取了成人教育最成功的经验。我的成功其实很简单，我经常留一些时间与自我的心灵对话。不过，我留的时间要比别人多许多。永远要记住。你的心灵就是你一生的宝藏，你要不断地挖掘它。你如果忽视了自我的心灵，这世上，还有什么不可以忽视的呢?

我的成人教育有一个重要的核心，就是让人珍视自我的心灵。我的书《积极的人生》、《人性的优点》、《快乐的人生》都从不同角度反复强调了这一点。

我出生于美国密苏里州一个贫穷的农家。我的父亲是个勤勉而悲观的人，母亲则是一个乐观的人。我的童年跟普通的男孩子没有两样，每天帮助家里做些杂事；有时还要到地里捡草莓，割野草。要说我的童年有所不同，那就是我受到的最大影响来自于母亲。母亲一直鼓励我读书，希望我有所作为。但是，由于家庭贫寒，我不得不为受教育而付出更多的努力。我在密苏里州华伦斯堡州立师范学院读书时，是全校极少数不住在市镇的学生之一。在家里，我要帮助父母干杂事；在学校，我上课，做作业，我还参加学校的各项活动。就在这种紧张的学习和生活中，我每天都会硬挤出一点时间，这样我就留下了属于自己的时间，与自我的心灵对话。我对此称为“马上时间”。因为我交不起学校的生活费，只能住在家里，每天骑马去上学。在当时那种忙碌的生活环境中，如果我没有那些“马上时间”与自我心灵的对话，我会被繁重的生活压垮。我忘不了一个人骑马走在上学的途中，脑中想着与自我有关的事情，正是有了那段一生难忘的“马上时间”，我才成了现在的卡耐基。

一个人与自我心灵对话的过程实际上就是扩大自我生活空间的过程。一个人生活中的事情都会投射到他的内心，如果外在的生活是琐屑的、零乱的、局限的，就会使内心生活变得混乱，这种内心的混乱又反过来影响到现实生活。与自我心灵对话，就是深刻地认识自我、反省自我、总结自我、拓展自我，找出现实生活的局限性，打破这种局限性，无限拓宽自己的生活空间，这是一个潜移默化的过程，同时又是个积极寻找的过程。

与自我心灵对话，不仅是简单的自我心灵回归。要深刻地理解并学会这一本领，从而扩大心灵生存的空间。当你心灵的生存空间扩大，你会惊讶地发现，这就是真正的自我，一个全新的自我。请相信：心有多大，舞台就有多宽。一个全新的你会带给你一个全新的未来人生。

第五辑

让高效工作成为一种习惯

chapter 5

引语

习惯成自然。习惯的特征是下意识的作用。习惯有时就是适应，更多的是适应无可避免的事实。

养成习惯，如果不用科学的方法，而仅凭一时的意志，那只会使你感觉到累而厌。习惯有赖于科学方法来支持。我们在习惯中淡忘曾有过的意志和幻想，又在习惯中实现其他的梦想。

我们今天做的，就是昨天已经做的。

习惯性的生活会使你感到十足的精力和生活的空间。在你的生活习惯中，你会使自己的性格、兴趣、爱好、理想都得到体现。每个人的习惯当然是不相同的，因为每个人都有自己的生活方式。

你如果要把一种行为养成自己的习惯，而这种行为对你又是如此的陌生，那么请你记住："多做几次就好！"习惯的养成，只是动作的积累，脑神经指令的重复。这种行动你做得越多，脑神经所受的刺激和记忆就越深，你的反应也会更加熟练，习惯便属于你了。

你必须付出辛勤与努力

我们都有一些自己并不晓得的能力，能做到连自己做梦都会想不到的事，只有在面对需要时，我们才会奋起而应付环境，并且做到迄今为止似乎下可能的事。

在我的学员中，有位名叫赫尔希的年轻人，家境贫寒，无一技之长。步入社会后，只能在堪萨城一家公司做小职员。不久他又去了奥克拉荷马州的马歇尔市，供职于谢尔石油公司。1933 年，经济危机席卷整个美国，成千上万的人丢掉了工作，赫尔希也未能幸免。他个人才华很一般，能力也不强，受过的培训也非常欠缺，无法从事一般书记以外的工作，被迫离开了公司，从事纯体力的养家糊口的工作，到工程处去挖壕沟，报酬是每小时 40 美分。生活的重压使他不得不重新考虑自己的将来。他开始经营一家小型的高尔夫球场，又通过岳父的关系重新被谢尔石油公司雇用，转到了奥克拉荷马州的杜尔沙市工作。令他尴尬的是，他的工作是在会计部门办理有关投资的文秘工作，可他对会计方面的知识一窍不通。

除了勤奋学习新知识，赫尔希别无选择。

他去了奥克拉荷马法律会计学校的夜间部会计科上课。他后来认为这是他有生以来做过的最聪明的一件事，因为那些课程的机制、安排使他可以利用晚上的时间来弥补他学识上的欠缺。

3 年过去了，他的薪水增加了 3 倍，生活有了明显的改善。非常自然地，他进入了杜尔沙大学夜间部的法律系上课，顺利地在 4 年内修完了全部学分，获得了学位，又通过律师验定考试而成为合格的开业律师——他又多了一份像样的工作。

而后就在我的培训班中，开始学另一门公共讲演的课程。就这样，经过若干年的勤奋学习，他所得到的报酬比他 12 年前挖壕沟时涨了十多倍。与此同时，他除了在自己的律师事务所执业外，还在他曾经学习过的奥克拉荷马法律和会计学校任教。

他所以能够获得成功，最关键的是他付出了常人不能付出的辛勤与努力。

柯聂里亚·印斯·布兰顿决心学医的时候，已经 36 岁了，且还有三个孩子。她整天为家中的杂事忙碌奔波着，又利用平时空余的时间学习医学方面的知识。为了使自己每时每刻的空余都能投入到医学中去，她把一本厚厚的解剖学分割为很小的部分，每一次取一片放入手提包中随身携带。

无论是坐电车还是排长队买面包，她总是抓住一切时机把资料取出来阅读。她上了夜间大学，最后竟以最优异的成绩毕业。后来，她当上了地位显赫的纽约医科大学校长和妇女病院院长。

曾 7 次获得马拉松世界冠军的克拉伦斯·德马尔也是勤于学习的楷模。在他上小学的时候，其他同学或者乘车，或者步行上学，只有他上、下学都是跑步进行的。

长大后进入维安蒙特大学深造，为了赚学费和生活费，他从事各种各样的兼职工作。但不管怎样，他上班或上学，始终是跑步来去。平均每天要跑 7 英里至 14 英里，以致路上有人叫住他，要给他钱让他去做电车。

就是这样 20 年如一日的跑，他成为了世界上最出色的马拉松选手，他在 50 岁的时候参加奥运会并拿了奖牌。

目光短浅的人学习时缺乏恒心，所以收效甚微。而那些根据自己的奋斗计划，一丝不苟朝着既定的人生目标前进的人，最终会摘到成功的果实。

步入社会后的学习完全出于自愿，或加强自己的专长，或满足自己的爱好，和学生时代单纯为考试而学截然不同。因此，学习本身已成为一种乐趣。

在边工作边学习的过程中，会自然而然地将所学的知识转化为具体的工作实践。如果能将自己的奋斗经历写成自传出版，就更令人肃然起敬，那样不仅给后代子孙留下了一笔宝贵的精神财富，而且全社会也会充分肯定你的奋斗方式。你就成为影响一个时代的伟大人物，名利双收。

把握从速读到速做的过程

一个没有知识的人只能是一个平庸而又浅薄的人。什么都想做，却又什么都做不成，这样的一个人他的工作效率可想而知。根本原因就在于他没有认真地读过书。读书会轻而易举地改变一个人的工作习惯，甚至他的命运。

我们读书的目的是为了正确把握作者的思想，使自己恰如其分地理解文章的原始含义，并加以完整的运用；然后就是从书中寻找“对自己有用之处”，从中获得灵感来充实自己的观点。在高度信息化的今天，当我们想获取某方面的信息时，总是喜欢从身边的书中寻找，因为这其中的信息交汇无所不在。随着出版业的飞速发展，可供我们选择的书籍与日俱增，要从书海中发现对自己有用的信息，在阅读时掌握一定的读书方法就很有必要了。

良好的阅读方法之一是在书的扉页填写有关信息。购得一本书，要在扉页上写明购于何年何月何日何地或赠自何人。阅读结束时也要记下当天的日期。

良好的阅读方法之二是制作阅读记录卡。在卡片上记上作者姓名，书名，出版日期，出版公司，页数，读毕日期等资料，而读后感和书中内容则不记入卡内。

良好的阅读方法之三是有色笔标识。阅读中遇到“心有所感”之处，就用有色笔划上横线。但这不一定就是作者认为重点之处，而是自己觉得有价值的地方。

良好的阅读方法之四是制作构思素材卡。阅读完毕后再次就划线部分进行回顾，将其中值得摘录的内容记入卡片，而且可写上自己的感想。一般来说，一张卡片记录一项内容。记录过于繁杂，自己再温顾的时候就会不知所措，眉批上头标示一行有关内容的摘要，以下依次注明作者、标题、页码等有关资料。

在以前的课程中我曾把包罗万象的书籍分为三种类型：小说散文等休闲读物；置于案头枕边作学问用的参考书籍；为了吸取内容知识和作者观点可快速浏览的通俗读物。

小说散文之类的休闲读物目的在于欣赏其紧张动人的情节，采取慢读或者快读都无所谓。第二类属于那种长期性阅读的参考书籍，因此必须精读，该划线的地方就划线，且要牢牢记进大脑之中。

而对第三类书，可采取浏览速读的方式。对于此类书籍，最好事先规定阅读的时间，然后集中式地一口气把它看完。如 200 页的书，在 2 小时内看完，500 页的书，在 3 小时内看完。预先规定阅读所需时间的大致范围，然后填塞式地在规定的时间内把它读完。

阅读的速度不是天生的，而是在日积月累中培养起来的。

如果通过前一句话就能推断出下一句可能是什么，那么这段话就应该快速地带过；而如果觉得“这部分所言甚是”时，就应该全神贯注地细细读它，因为它可能对你有用。

读了一半就搁置一旁，等过了一阵子以后又重新拾卷的做法是最没效率的。由于已过了一段时间，前面读过的内容，早已忘得一干二净，就不得不再次从头读起。这样一来，就老是在原地踏步而无法再有所突破。

而如果凭借意志强制将精神集中，心无旁骛，那么内容就会深深地印在你的脑海。由此可见，依靠自己的意志力也能达到速读的境界。

对于那些内容严肃且比较重要的书籍，虽然不便携带，仍然应该抓紧一切时间每天读它一两章。读的时候可划上大量红线，且在旁边做上批注，这样，书上的内容将会以不可思议的速度记入你的脑中。

这种提高读书效率的方法，也可以用在工作和生活上。奥斯瓦尔多·P·盖尔克是个很有经验的总顾问工程师，他的妻子蒂娜·盖尔克是他的好帮手。她把他先前在工作上使用的高效率方法应用到家庭管理上，从而解除了盖尔克先生的后顾之忧，使他更能忘我地完全投入到工作去。

平日除了料理家务及照顾三个未成年的儿子之外，盖尔克太太还是一个秘书、记账员、人事经理，同时还担任丈夫的研究助理，还要参加地方社团和家教教师联谊会的工作。如此多的工作要做，但她在写给我的信中却写道：

“我们生活的信念是，把杂草清除掉，我们就可以天天欣赏到美丽的花朵。换个说法，就是要在尽可能短的时间内做完必须做的工作，这样我们就会有更多的闲暇来做我们喜爱的事。

“有三个男壮丁，一个庞大的别墅花园，还有社会活动、丈夫的工作……我要在相同的时间内做别人两倍还多的工作，而且还要帮丈夫找一些有关动力方面的论文，提醒他必须参加的集会，对他的方案提意见……

“我会在洗碗或是替小孩洗衣服的时候，想出许多增加效率的想法。但我们全家一起玩的时候绝对是痛痛快快无忧无虑嬉戏。

“我们的工作并不是死板规定的，而是有很大的弹性，有时候我们会把例行公事抛于脑后，专心去做一件特别的事情，像大清洁之类的。

“通过在一起工作，和丈夫交流各种意见，增进互相了解，扩展了我们的视野，我们的生活变得充实、多样化，充满了温馨和幸福。

“这种生活是可能，也是必要的。因为大家都有着共同的奋斗目标，我们能够有始有终地把它继续下去。”

盖尔克夫妇与其说拥有时间，还不如说他们拥有一种工作的高效率。他们也是有血有肉的人，他们懂得如何高效率工作，如何高质量生活，以及如何协调好工作与生活之间的关系。他们之所以能够做多于常人的事，是因为他们学会了“速读”，也就是说学会了安排自己的时间，重视每个人都拥有的黄金——时间。

残酷的是，浪费时间比浪费金钱更让人心痛，使人悲惨。因为金钱失去了，还能再赚回来。而时间呢？失去就永远不复返。时间不会对你再次光顾，它只顾自己去奔走，完成它该走完的行程。

时间就是金钱，在现代商战中，真是“一寸光阴一寸金”。所以，必须学会“速读”。吉斯公司的创始人塞尔日·克拉斯尼昂斯基就以“时间就是生命、财富”作为他的座右铭，紧紧抓住了现代社会“快”这一特点。

还在日内瓦大学读书的时候，塞尔日·克拉斯尼昂斯基不小心把钥匙搞丢了，他顿感束手无策。突然，灵感迸发，他想，要是有一家快速配钥匙店就好了。从此，“快速”成了他一生追求并为之奋斗的目标。

1963 年，他在比利时创办了吉斯公司。

1968 年，取得吉斯专利商标，开设了世界上第一家生产快速配制钥匙机器的工厂。结果，一炮走红，吉斯商标开始进入人们的心中。

但他决心要把“快速”这个思想灌输到各行各业，使自己成为商界的巨头。

1974 年，塞尔日创办快速刻字机业务。

1977 年，他去非洲旅游归来后，深深感到相片的冲洗，同样也是刻不容缓的事。他马上成立了一个科研攻关小组，开始研究快速相片冲洗机。

1980 年，样机出台，但缺点很多，诸如体积过大、价格偏高等。

他就继续研究。

1982 年，成功研制出快速相片冲洗机。

1985 年，又推出彩色复印机。

1991 年，塞尔日推出了快速制饼干机和快速药物分析机。

如今，吉斯的营业额以每年 10 倍的速度递增。而且，他又开办了很多成功的子公司。塞尔日·克拉斯尼昂斯基正是从自己亲身体验的一个小烦恼，抓住了快速的秘诀，懂得“速读”的道理，开办了一项又一项快速服务业务，从而日益占领世界市场，大获全胜。

做时间的主人更有意义

时间这个东西，视其使用情况，既能生机勃勃，也能死气沉沉。

在逐渐成为时间奴隶的现代社会，如何有效地创造出属于自己的个人时间，从忙碌中得悠闲，正是现代超级企业主管的过人之处。

首先，不能把时间看死了，时间是运动着的，除去每天必需的睡眠、上下班时间和其他生理时间，一个人的时间已经不多了。但你还是必须反省一下，你有没有在浪费时光。像发呆地盯着窗外，因为冷就懒得动手，事后回想那段时间，只觉头脑中一片空白。在这种情况下，毫无疑问，你是在浪费时间。

漫无目的地做人，人生已无意义；而胸有成竹地支配时间，人生才有价值。其次，全神贯注于某项工作能使你忘记暂时的疲劳，最大限度地利用时间。

人需要活动，因此在很多时候要把时间当做完成工作、享受悠闲、充实人生的重要资源。

倘能扭转观念，转换脑筋，即使是那些成天叫嚷时间不够的人，也会发现总有几分钟的光阴向自己迎面而来。虽然每天忙里偷闲赚的时间并不多，但日积月累，收获可就大了。因此，从“无”到“有”的观念转变是创造时间的积极条件。但是，一天中还是要有空闲，即要有一些发呆的时间，因为人毕竟不是机器，况且就是机器也需要加油调节。适当的调节对缓解身心压力非常必要。这段时间可以什么都不想，也可以进行冥思苦想。要有忙碌的工作时间和轻松的休闲时间，两方面的比例都要合理恰当，妥善安排。

所以，“自我控制”这样一个新课题就摆在了现代企业人员的面前。

有效地克制自身的欲望，把有限时间做最大限度的利用，而且还要创造出时间，合理地加以利用。

有些人在电车上对拥挤的人群充满不信任感，冷漠的人情夹带着丝丝怨气，双方的敌对意味使个人情绪急剧变坏。而另一些人却静静地坐在座位上全神贯注地翻阅着某些书籍。

同样是拥挤的坐车时间，两种人处理的态度和方法却完全不同。究其原因，并非是有些人的家靠近汽车站，或者是某人所坐那趟车的行进路线非常繁忙，实际上却是双方不同的生活方式所造成的。

在交通高峰期，车厢里的拥挤确实几乎令人窒息。但如果你聪明的话，就应该尽量避免它，赶较早的班车。

如果这样做有困难，就不妨换相对冷清的路线。还是不行的话，就尽量往车厢里边站，找个相对宽松的场所免受上下车拥挤之苦。只要你付出了上面这些努力，就能将烦恼的乘车时间变为积极的创造性时间。

每天早起一两个小时，整个一天的生活面貌就会焕然一新，只要有座位坐，乘车的时间再长也可利用。反之，如果跻身于人群中一站到底，那你的火气会使你不知不觉地提前下车，到达公司的时候，焦躁就达到了最高点。

坐下以后，先阅读今天的报纸，了解一下当天的新闻动态，行车时间与其抱着“读”的心情，毋宁怀着“看”的感觉来对待它。“阅读”往往需要耗费心神，外界干扰愈少愈好，因此将报纸大致浏览一番就可以决定剪报之处；再通过快速阅读标题，大量摄取社会动态。再者，这段时间也是强迫自己进修的时间，由于早上头脑清醒，思维敏捷，浪费了就实在可惜，最好用来拟定工作时间表，阅读长篇世界名著。一般不适宜研究专业书，因为专业书需要融合贯通，不可以简单敷衍了事。

把乘车时间拨出十分钟，计划一下今天的工作顺序，就能使今天的工作效率得到意想不到的提高。抵达公司便可直接按计划开始工作，一路顺通地完成下去，你的心情也会兴高采烈，舒畅之极。

此外，午餐时间也是绝佳的时段，更应该好好地加以利用。午餐时大部分都是单独进餐，你就不妨在此时邀约本来打算晚上邀请的人士共进午餐，一则白天大家较容易坦诚相见。此外，由于午餐的价格比晚宴便宜得多，就不会出现因为囊中羞涩而带来的尴尬场面，时间的充裕也能够大量摄取信息。

吃午饭时，一般有两种做法，一种是大伙儿成群结伴一起去食堂进餐，而另一种则是吃方便面还继续坚持工作。乍一看，后一种抓紧时间工作似乎应该肯定，但实际上，至多只是精神可嘉而已。因为工作效率降低了。

就身心调节角度出发，上面的后一种行为也是完全不合时宜的。干要干得认真，玩要玩得踏实，与其这样两头兼顾，还不如断然放下工作，彻底寻求身心调节使自己的工作效率得以提高。

和自己本部门的人沟通固然毫无问题，不过最好一起进午餐与其他部门的人员进行交流。这对于积极获取公司内部动态，向其他部门传达我方的讯号，都是很好的机会。有时甚至还能得到立即派上用场的情报，甚至当时事先安排的苦心会种下善果，日后反馈到自己身上。

日本有所谓“鞍上、枕上、厕上”的说法。

“厕上”即洗手间，那是不受他人干扰的场所，可以获得某种原始灵感，使人的权利得到保障的神圣空间。因此，厕上的使用应被人及时利用为思考出高妙灵感的最佳场合。

据记载，日本著名的政论家德富苏峰和物理学家汤川秀树两位先生在厕所里都备有字典、参考书、笔记本。一旦想到什么要翻阅可以马上查寻，而一旦灵感突发，就可兴致所至地在笔记上胡乱涂画。因为在那种时刻，体内废物被排出，新陈代谢速度加快，大脑活动频率增大，思考活动被促进，灵感创意也就一股脑儿奔腾而出。

“枕上”即床上。人往床上一躺，思绪就纷杂乱飞，因此，就寝前的片刻乃至做梦当中，脑际往往浮现高妙的念头。对于这些灵光乍现的念头，不要当时沉吟斟酌，而是直接记录下来。因此不妨在枕边准备好笔记本或一个对声音产生反应动作的录音机。

“鞍上”是指马上。换成现代生活就是我刚才提到过的在上班的公共汽车上。大公司的职员每天有一两个小时花在坐车乃至家常便饭上，这就为自己提供了一个反省自身的进修场所。能有效运用坐车时间并将车厢变成书房的人，比起那些家住公司附近的人，势必得以阅读到更多的书籍，他也会因为妥善利用时间而收益匪浅。

拥有书房固然是件好事，但仍然要充分重视“鞍上、枕上、厕上”的时间，且无论你是否拥有属于你个人的书房。

另外，睡眠并没有规定的时限，只要是熟睡，并与你的体力相符合，就可以完全消除疲劳。反之，则不管你睡多久，你的疲劳始终在你身上。要尽量遵守生活规则。

工作繁忙的白领阶层，平时鲜有真正属于自己的时间，下班后还要交际应酬，有时甚至连晚上也没有属于自己的那一方天地，在这种状况下，只有寄希望于早晨。尽管晚睡早起实在折磨人，但起床后若无事可做，便应及早去公司上班，此时的公交车有座位可坐，可避免与他人的挤挤晃晃。仅此而言，就能防止精力的逸失，心情也会开朗许多。

偶尔一次早起轻而易举，但要长期坚持确实不是件容易的事，因此你必须要有无比坚强的意志。一旦形成习惯之后，你就觉得舒适且轻而易举，甚至在床上多睡一会儿也会感到头昏。

早晨神清气爽，工作效率也提高许多。无论是阅读公文或整理其他材料，都得心应手。公司的主管应在这个时候安排全天工作程序，以便员工上班后就能马上下达指令，迅速展开各项工作。

而为人下属的也可站在办公桌前，用愉快的心情向晚来的总经理道一声早安。大致看来，开始上班前那一段时间，人的脑子反应敏捷，运转效率也非常高。据科学分析，人的头脑在起床后的两小时内处于“高速”运转的状态。

于是，有人便利用早晨时刻前往英语口语学校上课。一般总以为忙碌的公司职员很难抽出时间去学校进修，但只要仔细寻找，早上开课的学校很多很多，一旦报名上课以后，即使身体感到极度疲劳，也会尽力地起床上课。那样英语能力也随之而水涨船高，对自己从事的工作也就更得心应手了。

学着做自己的日程进度表

让我们晕头转向的并不是工作的繁重，而是我们没有搞清楚自己有多少工作，该先做什么、后什么。

很多人工作一天忙到晚，而且经常还要加班。

我曾专门同许多加班的员工与主管谈过话，据我的分析来看，十之八九的加班纯粹是没有必要的，是人力资源的白白浪费。

在现代企业里，一个人的工作并非是孤立的，所以必须要有一种整体感和大局观，这就要求管理层在制定日程进度表的时候，将进度表定位在所属部门、公司全局，乃至各界的动向上，才能掌握好管理的方向盘。

要尝试做日程进度表，使原本零乱不堪的各种预定计划，显得井然有序。如果能够做到这一步的话，自己将会发现整个人的思维规模逐渐扩大起来，无论自己身居何种部门，都能经常在公司的具体动向中掌握自我，使工作效率进一步提高。

有些人的办公桌上，堆满了可能几个星期都不会看一眼的文件。一家《生活时报》的发行人有一次说，他的秘书帮他清理了一张桌子，结果发现了一部两年来一直找不着的打字机。

光是看见桌上堆满了还没有回的信、报告和备忘录等，就足以让人产生混乱、紧张和忧虑的情绪。更坏的事情是，经常想到"有 100 万件事情待做，可是没有时间去做它们"，不但会使你心烦得感到紧张和疲倦，也会使你心烦得患高血压、心脏病和胃溃疡。

英国诗人波普写过这样一句话：秩序是造物者的第一法。

我们要说：条理是工作的第一条法则。

著名的心理治疗家山德尔博士，就用这一简单的法则，教会了一家公司的高级主管如何使工作有条理。

那位主管第一次去见山德尔时，整个人充满了紧张、焦虑和郁闷。他工作繁忙，并且知道自己的状态不佳，但他又不能停下来，他很需要帮助。当那位主管向医生陈述病情时，电话响了，电话是医院打来的，医生在电话中说他马上就解决。电话刚挂上，又响了，又是件急事，医生又费了一番口唇去解释。接着有位同事进来向医生询问有关一位重病患者的种种事项，等山德尔说完，就向那位主管道歉，说让他久等了。但那位主管却很愉快，脸上出现了一种很特别的表情。那位主管说，不用道歉，在这 10 分钟里，他似乎明白了自己有什么地方不对了。并且告诉医生他得马上回去改变一下自己的工作习惯，还要求在临走前看一看医生的办公桌。山德尔医生拉开桌子的抽屉，除了一些文具外，没有其他东西。

那位主管问山德尔要处理的文件都放在什么地方，山德尔告诉他，自己要处理的所有事项都处理完了，连信件也回复了。

六个星期之后，那位主管把山德尔博士请到他自己的办公室去。他整个地改变了，他的办公桌也不一样了。他打开办公桌的抽屉，抽屉里不再有还没有做完的公事。“六个星期以前，”这位高级主管说，“我在两个办公室里有三张写字台，把我整个人都埋在我的工作里，后来清出一大车子的报表和文件。现在我的工作只需要一张写字台，事情一来马上就办完。这样就不再会有堆积如山没有做不完的公事烦恼我，让我紧张和忧虑。可是，最让我想不到的是，我完全恢复了健康，我现在一点病也没有了。”

富兰克林·白吉尔是美国最成功的保险推销员之一，他不会等到早上5点钟才计划他当天的工作，而是在头一天晚上就已经计划好了。他替自己订下一个目标，订下一个在那一天要卖掉多少保险的目标。要是他没有做到，差额就加到第二天，依此类推。

一个人不可能总按事情的重要程度来制定日程进度表。可是，按日程进度表做事，绝对要比随兴趣所至去做事好得多。

已故的霍华曾说，当他在美国钢铁公司任董事的时候，开董事会总要花很长的时间，在会议里讨论很多很多的问题，达成的决议却很少。其结果是，董事会的每一位董事都得带着一大包的报表回家去看。

最后，霍华先生说服了董事会，每次开会只讨论一个议题，然后得出结论，不耽搁、不拖延。这样所得的决议也许需要更多的资料加以研究，也许有所作为，也许没有，可是无论如何，在讨论下一个问题之前，这个问题一定能够达成某种决议。结果非常惊人，也非常有效。所有的陈年旧账都清理了，日历上干干净净的，董事们也不必再带着一大堆报表回家，大家也不会再为没有解决的问题而心烦。

日程进度表无疑是很重要的，因为它可以有效规划出该用的时间和该做的工作，只要你具备了制定日程进度表的能力，不但工作能够顺利完成，而且逢着假日，你的生活也会充满条理和生机。

如果能够制定日程进度表设定进修时间、休闲时间、与家人沟通的时间等等的话，自己和家人都将因此取得默契，步调一致。此外，通过与家人的沟通了解，不但得以减轻日常生活的紧张压力，而且能够涌现新的活力。

这种做法将不知不觉地对全家人的生活习惯带来重大的调整，使全家成为一个和谐的整体。

下面看看常见的周末行程表安排。

周末一般是指从周六早上到周日晚间这一段时间。不过，如果想要利用周末充分争取时间从事自我启发，这样做是远远不够的。

严格地说，周末是指从周五晚间到下个周一早上为止的时间，按照这种算法，就有将近三天的时间可供周转，因此要把它当成一个有机的整体时段来加以熟练对待。

如果这样，那么周五晚上就变得非常重要，甚至可以说是那两天的基础。举例说明，要是周五晚间出去痛饮迟归，那么一定会影响到周六，因为等你起床，可能已经是周六的中午时分了。

周六和周日，虽然可以比平日起得稍微晚一点，但基本上还是要保持早起，因为只要一有断开，那平时的坚持就有可能付之东流。

要坚持和家人一起共进早餐，让他们有一种家庭温暖感。

要将周六、周日的上午定为主要的进修时间，不足的部分就排入周六、周日的晚间，周日晚间不排计划只管就寝的话，周一早上提前起床也可以。反正，周末三天计划成功与否，主要就是看度过周五晚间的方法。

但是，周末必须要把工作抛诸脑后，好好利用难得的时间调剂身心，为下星期做准备，尤其进行工作心理准备。

即使是在和家人共享音乐的时候，也可以边听边在纸上列出下周的工作和想做的事。然后按时间顺序依次排入行程当中，并在第二天早上坐车途中重新加以修订，做到心中有数，办事不慌。

对工作要有高度的热情

热忱不是演戏，它不是做样子给人看的，它发自内心，来自你对自己所从事工作的真实的喜欢和熊熊燃烧的热情。

热忱，是指一种热情的精神物质，发自于内心，又深入内心……是一种“抑制的兴奋”。如何使自己满怀热忱？要让自己找到这样一种感觉，表现出对工作足够的热忱，愉悦地告诉别人你所从事的工作，让他们知道是工作令你感到身心愉悦。

我以前只是非常景仰林肯，因为他是民族英雄。除此之外，对林肯知之甚少，而且我也不是很想知道更多关于林肯的事。

迫使我彻底了解林肯的是缘于我要写《人性的光辉》那本书。《人性的光辉》是一本关于林肯生平的传记书，在写书的过程中我已经变得非常热忱地崇拜林肯，平时非常注意收集有关林肯的资料，哪怕是秘史传闻。《人性的光辉》成书以前，我自己都想不到颁布《解放黑人奴隶的宣言》，领导美国人民打败南方奴隶主的叛乱，彻底埋葬美国奴隶制的人，竟是一个曾笨手笨脚、不名一文的牛车把式——亚伯拉罕·林肯。

华盛顿也是和林肯一样伟大的英雄人物，但我对华盛顿的崇拜热忱，远远不及对林肯的。这主要是因为我对华盛顿的事迹了解得并不多。因此，对于任何事情，只有在详尽深入了解之后才会产生热忱。

已故纽约国家铁路公司的董事长佛里德利·威尔森，曾在一次电视采访中被问到怎样才能高效工作使事业成功时，他回答道：

“一个人的经验愈多，对事业就愈认真，这是一般人容易忽略的成功秘诀。成功者和失败者的聪明才智相差并不大，如果两者的实力相当的话，对工作充满热忱的人，一定较容易成功。一个具备坚强实力而且富有热忱，和一个虽具实力但缺乏热忱的人相比，前者成功的几率较后者大得多。”

对工作的热忱，是一切渴望成功的人必须具备的内在素质，它是无往不胜的精神武器，是一个人内心渴求的始终源泉，更是推动人向前努力迈进的动力。

一个热忱的人，无论是在什么公司工作，都会认为自己正在从事的工作是世界上最神圣最崇高的职业，始终对它怀着浓厚的兴趣。无论工作的困难多么大，或者质量要求多么高，他始终会一丝不苟地去完成它。

对工作热忱的人，具有无限的力量。在他们的心中，永远没有失败的字样。因为他们总是无时无刻地在付出自己的努力，坚信一分耕耘一分收获，哪怕是遇到大的挫折，也只把它看成是平坦大道的一段小小的路障。因此，教师热爱教书，画家热爱画画，歌手热爱歌唱，诗人热爱写诗，就是热忱的魔力了。

1970 年，著名的人寿保险推销员法兰克·贝格转入职业棒球界，成为一名职业棒球的新手，可没几个月，厄运降临到他的头上——他被开除了。

原因很简单，贝格在投掷的时候总是显得龙钟老态，懒洋洋的，像是一个四五十岁的人。于是，球队的经理找到他，干净利落地对他说：“你不像是个年轻的棒球选手，我们的球队不需要增加一个混饭吃的‘老头子’。还有，向你提出我的忠告，法兰克，离开球队后，不管你以后干什么，但如果你还是像现在这样提不起精神的话，你最好去福利院颐养天年吧。”

失望、愤怒，沮丧包围着他。贝格灰溜溜地离开了他的球队，去了亚特兰斯队，月薪由原来的 175 美元减为 25 美元。没有金钱的刺激，他还是提不起精神，没有热忱。几天后，通过队友的介绍，他去了新凡。这一次他决定要改变自己，他要成为整个新英格兰最棒的球员。新凡不会有人知道他过去那不光彩的经历，他就可以一切从头开始，重新塑造自我形象。

真正热忱的行动开始了。他一上场，就像浑身充满了劲，他那强力高速的投球，使对方接球队员的手套都被击破，手掌也麻木了。有一次，贝格以一种一往无前的必胜气势冲入三垒，三垒手惊呆了，毫无反应，眼睁睁地把手给漏了，他大获成功。而比赛当天温度高达41℃，他却在球场上来回飞奔，旁若无人。

正是靠着这种热忱，比赛中的他心中已经没有任何恐惧，只有一个信念，击败对手。因此，他的水平发挥得淋漓尽致，技术运用极为合理。

同时他的热忱带动了其他的所有队员，大家身上似乎有使不完的劲，在气势上完全压倒了对手。更在整体实力上仿佛高出了一大截，而事实上，对方的水平比他们更高。

他敢打赌，他这一生中从来没有如此快活过。

第二天，各大报纸都给了他高度的评价，报上说："那位新加盟的贝格，无异像给球队注射了一剂兴奋剂。他不但自己表现出了极高的水准，而且全队受到影响，也变得虎虎有生气。他们这场比赛，是本赛季迄今为止最精彩的一场比赛。"

更使贝格高兴的是，月薪也由25美元提高到185美元，整整高出了7倍。而且从此确定了他在队中的绝对主力地位。两年后，他的薪水达到750美元。这在当时，可算得上是一个天文数字，这也可以算是热忱对他的回报吧。

遗憾的是，因为手臂受伤，贝格不得不离开心爱的球场。不甘寂寞的他，又加入人寿保险公司当保险推销员。事情并不是一帆风顺，在整整一年中，他都没取得什么成绩。为此他也曾徨彷、苦闷，甚至想到了自杀，但最终他的热忱又充分地显示出来了。

他不知疲倦地推销，每天走访许多户人家，在敲门之前，他总是一遍一遍热忱地对自己说："你一定能说动他的。"

现在，贝格已经是人寿保险界的天皇巨星了，整天都忙于应付各种各样的活动。有人向他约稿，有人请他演讲，有人请他出自传，甚至有制片人愿意把他的离奇故事拍成电影。他深有体会地说："我从事推销，已经30年了。我见到许多人，由于对工作带着热诚的态度，全力以赴地投入其中，使他们的收入成倍成倍地增加；同时，我也见到过另一些人，因为缺乏热忱而无所作为，只能在社会的最底层挣扎。我深信惟有热忱的态度，积极的个性，乐观的精神，豁达的人格，才是成功推销的关键。"

如果你内心充满热忱，你就会兴奋，你的心中就会燃起希望的火焰。你的热忱会从你的面孔、脸颊、眼睛，甚至是你的灵魂、整个躯体辐射出来，振奋人心，鼓舞他人。我第一次授课是在纽约的基督教青年会，那个班人数很少，不超过十个人，其中有一位学员是国际收款机构公司的业务员，他有一次的发言实在精彩极了。他说他是在城市里出生的，并且一直没有离开过城市，但是去年秋天，他却在乡间买了一幢房子。房子刚建好，因此还没有花园草坪。于是他决定自己在园子里种满牧草。

冬天的时候，他在壁炉里烧山核桃木，并把灰烬撒在园子里的地上，希望这样能使土壤变得肥沃一些。可是他对我说的是："你知道吗？我一直以为种牧草必须先撒下种子，但其实你用不着这样麻烦。你只要在秋末时撒些山核桃木灰在地上，第二年春天，自然会长出牧草来的。"

"哪有这种事！"我说，"要真是这样的话，你的发现要令多少科学家跌破眼镜呢！因为你是把无生命的物质变成了新的生命。这是说不通的。也许牧草种子被风吹到你的园子里，而你根本就不知道，或是那里原来就有过牧草。反正，有一件事是铁定的，那就是：光靠山核桃木灰，是绝对长不出牧草来的。"

我在说这段话的时候，口气是平静而轻松的，我注意了不要伤害他的热情。事实上，这位学员兴奋得很，根本不在意我所说的，他一面蹦蹦跳跳的像个小孩子，一面宣称："卡耐基先生，我百分之百确定我自己在说什么。不管怎么样，我做到了。"

于是他滔滔不绝，充满热忱，一边做手势动作，一边情绪激昂地继续说下去。最后他终于说完了。我问全班同学："有多少人相信他真的做到了他所说的？"

我很惊奇地发现全班每个人都举起手来。我问他们为什么相信，他们大家异口同声地说："因为他太有把握了，他那么激动，那么兴奋，怎么可能不是真的呢？"

显然，热忱能让一些精明的人完全不顾科学的自然法则，按此类推，如果是讲得有道理的话，那么威力不是更惊人了吗？

你可以做只晒太阳的猫

英国最有名的心理分析家海德费说："我们所感到的绝大部分疲劳，都是由于心理影响。事实上，纯粹由生理引起的疲劳是很少的。"所以，我经常告诉大家，你所感到的疲劳，多半是由精神和情感因素所引起的。著名的心理分析家布列尔博士说得更详细，他说："一个坐着的工作者，如果健康情形良好的话，他的疲劳 100%是受心理因素，也就是情感因素的影响。"

那么，碰到这种精神的疲倦，应该怎么办呢？要放松！放松！再放松！要学会在工作时保持一颗"平常"心。詹姆斯在他那篇题为《论放松情绪》的文章里说："美国人过度紧张、坐立不安、着急以及紧张痛苦的表情是种坏习惯，不折不扣的坏习惯。"紧张是一种习惯，放松也是一种习惯，而坏习惯应该祛除，好习惯应该养成。

任何时候都能够放松，任何地方也能够放松，只是不要花费力气去让自己放松。所谓放松，就是消除所有的紧张和力气，只想到舒适和放松。开始的时候先想怎样放松眼部的肌肉和脸上的肌肉，不停地说着："放松……放松……放松，再放松。"使自己由脸部肌肉，一直到身体的中心，像孩子一样完全没有紧张的感觉。

女作家薇姬·贝姆就曾说过，她小时候遇见一位老人，教了她一生中最重要的一堂课。她那时刚摔了一跤，跌破了膝盖，还扭伤了手腕，那个在马戏团扮小丑的老人把她扶起来，对她说："你之所以会跌伤，是因为你不知道怎么放松自己，从而保护自己，来，我来教你。"

那个老头就教薇姬·贝姆怎么跑，怎么跳，一直到她彻底学会为止。

你要记住，你在任何时候都能放松，在任何地方也都能放松。

著名女高音叶莉常用这样一个方法：表演前坐在一张宽大的椅子上，自己不断地对自己说："放松，不断放松，再放松。"这种方法非常有效，可以使她登台的时候，具有精神且充满了自信。

约翰·洛克菲勒保持着两项惊人的纪录，他拥有世界上数量最多的财富，还长寿地活到 98 岁。他做到这两点的秘诀是什么呢？

很简单，一个是遗传，他们家中世代长寿，另一个原因就是他每天中午都要在办公室里睡上半小时的午觉。他就躺在办公室的大沙发上，这时哪怕是美国总统打来的电话，他也不接。

万一你没有条件睡午觉，那你总得在晚饭前休息一小时，这至少比喝一杯酒有价值得多，而且，势利地算一下的话，要比喝杯酒有效好多倍。你想，在下午五六点钟左右睡上 1 小时，就意味着，你每天至少又多了 1 小时可以充分利用的时间，这 1 小时加上夜里睡的 6 小时，比你连续睡 8 小时有效得多。

这就是有名的 6+1>8 定律。

二战期间，邱吉尔执政英国的时候已经六七十岁了。但却能每天工作 16 个小时，坚持数年指挥英国作战。他的秘密在哪里呢？

他每天早晨在床上工作到11点，看报告，发布命令，打电话，甚至在床上举行重要会议，吃过午饭后，再上床午睡1小时。而在8点钟的晚饭前，还要上床去睡上2个小时，他根本就不需要去消除疲劳，因为毫无疲劳可言。正是由于这种间断性的经常休息，他才有足够的精神一直工作到深夜。

对于纯体力劳动的人来说，休息时间次数更多，每天就可以做更多的工作。

贝德汉钢铁公司的科学管理员佛朗西斯·贝利就曾以事实证明。

他观察到，工人每人每天可以往车上装大约12吨钢铁，但通常他们在中午的时候就已经精疲力尽了。他对疲劳的原因做了一番仔细的调整，得出一个结论：工人每人每天不应只送12吨钢铁，而应是46吨钢铁，而且还丝毫不会有疲劳感。

他做了个实验，要一位叫加姆登的先生按照自己所规定的时间进行工作，他站在一边拿着块手表指挥加姆登："现在拿起一块钢铁……走过去……现在休息一会儿……现在走……再休息一会儿……"

结果令人大吃一惊，别人每天只能装12吨钢铁，而加姆登却每天能装运46吨。而且据佛朗西斯·贝利说，这个方法还有可改进之处。

在贝德汉公司干活的这些年，加姆登的劳动量一直保持着同一水准。他能做到的原因，是因为在疲劳之前就能得到休息。

每小时他大约干活26分钟，而休息却有34分钟。他工作的时间比休息时间短，但他的工作效率却差不多是其他工人的4倍。

当初有人采访白宫第一夫人——伊莲娜·罗斯福时，曾问她是如何很好地处理那排得紧紧的活动日程表的，她只是说，每次在接见一大群人或者是要发表重要演说之前，通常都坐在沙发上，闭目养神半小时。

发明大王爱迪生以为他之所以有无穷无尽的精力，都得益于他随时随地想睡就睡的习惯。美国汽车大王亨利·福特也深谙放松之道，在他80大寿的时候，他曾颇为自豪地向别人宣称：“你们看我这样有精神，这样健康，是因为我这一生都遵守这样一条原则：能坐下的时候我绝不站着，能躺下的时候，我绝不坐着。”

杰克·查纳克是全好莱坞最有名的大导演之一，他也用过这种放松自我的方法，并且取得了奇效。

他在米高梅公司短片部任经理的时候，常常感到劳累和精疲力竭，为了改变这种状况，他什么方法都用过了，喝矿泉水，吃营养餐，吃维生素和其他苦药，但都无济于事。后来，我建议他学着做只晒太阳的猫，每天自己去“度假”，充分利用一切时间休息，如当他在办公室和手下开会的时候躺下来休息。

半年后，杰克专程赶来连连称赞这个极好的方法，他说：“真是个奇迹，以前每次和属下谈短片制作的时候，我总是僵硬地坐在椅子上，整个人高度紧张，而现在我躺在大沙发上开会，觉得比这几十年来的任何一天都好，每天还能多工作两个小时，且毫无倦意。”

下面我就给大家讲几点关于放松的建议：

工作时采取尽可能舒服的姿势，要记住，身体的紧张会产生脖子的疼痛和精神上的疲劳。

多读一些关于自我放松类的书籍，比如哈克·芬尼·罗伯持博士所写的《消除神经紧张》，同时，也建议你看丹尼尔·何西写的《为什么要疲倦》。

随时自我放松，在太阳底下，打盹，看猫，或者在身边的桌子上放只旧袜子，以此来提醒自己应该放松到何种程度。

工作着还要快乐着

把乐趣带到工作之中去，就像表演一样把工作做得更精彩。

有一位名叫山姆·沃克兰的年轻人，在工厂从事车螺钉的枯燥工作。他很想不干了，可是又怕找不到其他的工作。既然必须做这份工作，不如做得有趣一点。山姆决定与另一位技工比赛。两人中，有一人是在机器上将螺钉表面打光，另一位是将螺钉修到正确的尺寸。他们两人有时交换机器，看谁能做出最多螺钉。工头对山姆的速度与精确度印象深刻，不久就把他调去做一份较好的工作。后来还有一连串的升级。30 年后，山姆已经是包德温火车头工厂的总裁。如果他没有决定喜欢他的工作，很可能终其一生，他也不过是个普通车床工人。霍华德也曾是我的学员，几年前，他做了一个改变他一生的决定。他决心使工作有趣。而他的工作对常人来说真的很无聊：洗碟子、刷柜台、拖地板，当别的男孩在踢足球、追女友时他却在替别人盛冰淇淋。霍华德憎恨这份工作，可是既然他非做不可，便决定研究冰淇淋是怎么做成的，有些什么成分，为什么有的冰淇淋比别的好。他研究冰淇淋的化学成分，使他的高中化学成绩优异。从而越发对食品化学产生浓厚兴趣，进入麻州大学主修“食品技术”。当纽约可可推广中心提供了一份奖金，给最佳可可及巧克力应用研究报告的作者时，所有的大学生都有资格申请，结果只有霍华德获得了这份奖金。

不久后，美国通过了一项新法律，规定牛奶中的细菌必须经过计数。霍华德便在自己家的地下室里雇请了三位助手，成立了自己的私人实验室。他应附近近 20 家牛奶公司的委托，点数细菌数目，他因此忙得必须雇请助手。

25 年后，霍华德已经成为这一行的佼佼者，其他的同学却可能失业，抱怨自己从来没有过机会。事实上，如果霍华德不是决心把枯燥的工作变得有趣，他可能也不会有任何机会。

卡登博一句法文也不会说，怎么可能成为法国顶尖的推销员呢？原来他请雇主把推销词先写好，他背得滚瓜烂熟。登门拜访时先按门铃，主妇出来了，卡登博开始背诵那段推销词，他的法文发音可笑极了，他把图片拿出来给家庭主妇观看，当她们问问题时，卡登博只有耸着肩膀说："一个美国人……一个美国人。"接着他脱下帽子，指着贴在帽底的法文推销词，主妇们总会忍不住笑，他也跟着笑，同时拿出更多图片。卡登博跟我坦诚说这工作实在艰巨，他之所以能撑下去，完全是他决心使这个工作变得有趣。每天早晨出门前，他总是要对镜中的自己来一段精神打气：

"卡登博，想混口饭吃，就得干下去。既然得干下去，为什么不好好开心地工作？每次按门铃时，何不想象自己是即将登台的演员，马上有观众要观赏你的表演？不是吗？"

卡登博告诉我，每天的打气可以把原来的憎恨恐惧转变为他喜欢的探险，另外还有钱赚。

我请卡登博先生给现今的美国青年一些忠告，他说："每天早上都在自己身上下注，我们都知道如果早上起来还迷迷糊糊时，可以做一些运动来提神。事实上，每天早上，我们更需要给自己精神上来点提神运动，每天早上不要忘记给自己打气！"

我的妻子原来在一家石油公司做打字员的时候，每个月总有几天必须从事非常无趣的工作，她得填写表格、打入数字与统计。工作本身实在单调刻板，她决心把工作变得有趣一点。她每天跟自己竞赛。每天中午，她计算自己早上打好的表格，然后要求下午要比早上完成得更多，今天要比昨天多。结果她以更短的时间完成这份无聊的工作，比其他同事快得多。

她因此得到赞赏了吗？没有！

得到感激？没有！获得晋升？也没有！得到加薪？更没有……虽然并没有这些实质收获，但确实帮助她避免因单调而引起倦怠，也使她工作士气提升。因为她努力把无趣的工作变得有趣。她因此有精神、更热忱，更能享受休闲的时间。

即使假装对工作有兴趣，也很值得。我的学员诗芬尼·洛戴曾在班上给我们讲了她自己的故事：

“我们组里有四位打字员，每一位负责替好几位主管打信。有时难免工作分配不均。有一天，一位部门主管坚持要我重打一封长信，我很不满。我跟他说那些错误可以修正，不需要完全重打——他居然威胁我，说如果我不愿意打，他可以找别人。我气得要炸肺。可是，当我静坐下来开始重打这封信的时候，忽然想到还有很多人等着抢机会取代我。而且，老板付我钱，本来就是要我来打字的。我觉得舒坦多了。忽然间，我下了决心，要使自己喜欢这份工作，虽然我其实相当轻视它。我因此有了一个重大的发现，那就是：如果我假装喜欢这份工作，那么我就真的能喜欢到某种程度。我同时发现做我喜欢的事，会更快更有效率。所以很少需要加班。我的心态使我赢得工作优异的美誉，当一位主管需要秘书时，他就提拔了我，因为她说我愿意多做些工作，而不会抱怨！这种态度改变的威力，实在是我个人的重大发现，实在有效极了！”

第六辑

我们所缺少的成功素养

chapter 6

引语

人生的许多财富，都是平凡的人们经过自己的不断努力而取得的。成功的梦谁都做过，成功的路谁都想去走，成功的山峰谁都想去攀登，但真正能够到达峰顶的人，走过成功路的人却极少。

这是为什么呢？其实原因很简单，这些人所具备的成功素质不一样，他们所具备的成功技巧不一样。

我们拿什么成功，几乎没有人能给出我们想知道的答案。但是，我们可以找到为什么有许多人曾经为了成功而努力，到了最后却一次次挫败的原因。为什么有少数人能够到达成功的巅峰，而多数人却不能去享受这种成功。

其实这并不是因为他们缺少书本知识、能力和机会。他们不曾成功的原因也许是他们有了比别人更多的知识却不会加以利用；或许是他们没有给自己做出适合自己的定位；也许是他们不够努力；再或许是他们没有诸如公共意识、注意力、专心致志、持之以恒等品格。而这些，都让人无法获得成功。所以我建议渴望成功的人赋予自己成功的素养，找到真正的自己，让自己改变，让自己从失败之中走出来，走向成功，走向辉煌。

你是一个梦想者吗

凡是世界上一切使人生有价值，把人类从卑贱中释放出来，把人类从平庸丑恶中提升上来的动力，首推梦想。它使人生安乐幸福。我们都得感谢我们的梦想！

如果将那些梦想者从世界史中摘除，那还有谁愿意去读那干巴巴的世界史呢？啊，梦想者！他们是人类的先锋，他们是弯着腰背，额头流汗，铲平道路，以使后代的人们平安前行的辛勤耕耘者。

我们现在所拥有的一切，只不过是过去各个时代的所有梦想的总和，它们是过去各个时代的梦想实现的结果。如果没有梦想者，美国人恐怕到现在还缩在大西洋海岸的某一角落呢！

世界上最有价值最有用处的人，就是那些“能够远远望见世界文化的将来；预先瞻望到人类在未来必能从今日所有的种种束缚、迷信中释放出来；能够预见到事情的必然，同时也有能力去实现它的人”。梦想者永远是那些能够将“似乎绝对不能成就”的事业铸就的人。

有人说，想象力这种东西，对于艺术家、音乐家、诗人大有用处，但在实际生活中，它没有位置。其实，我们应该知道，凡是成为各界领袖的，总是那些抱有梦想的人。比如那些工业巨子、商界领袖，大都是想象力很丰富的人，他们对各个行业在未来的发展前景，都有先见之明。

无数只求实利的人、没有想象力的人、以务实的眼光估摸一切的人，他们在文化史上的地位，能够抵得上一个爱迪生，一个贝尔，一个马可尼吗？无线电报的成功，是马可尼发挥自己梦想的结果。

为我们提供使用电报之便利，难道不是摩尔斯的梦想之功吗？

斯蒂芬森在只是一个贫苦的矿工时，就梦想着要发明机动车，而后来他终于给世界交通手段带来了一场革命。

大无畏的罗杰斯实现了他坐着飞机飞越天空的梦想。

大西洋的海底电缆，也要归功于菲尔特的梦想，是他的梦想，把两大洲连在了一起。

对于那些胸怀梦想的诗人，我们也应该致以诚挚的谢意。比如伟大的莎士比亚，不正是他教我们“从平庸中看出神奇，平常中发现非常”的吗?

人类最神圣的遗传，就是那种使我们善于梦想的力量。只要你相信有一个较好的明天会来临，那今天的痛苦对你就算不了什么。对于那些真正善于梦想的人，就是“铁窗石壁”也不视为牢狱。

一个人如果常常将自已从一切烦恼和痛苦的环境中挣脱出来，并投入到一种和谐、美丽、真诚的生活中，这是一种何等的幸福。一旦你炼就了这种能力，真是一种无价之宝。假使有谁能从我们的生命中将梦想的能力夺去，我们中间还会有谁有勇气、有耐心、有热诚去继续为生命而战?

美国人尤其富于梦想。无论怎样贫苦，怎样不幸，他们总是充满自信，甚至带着自负。他们藐视命运的安排，他们相信好日子终会到来。一个当伙计的，会梦想有朝一日他会设立一间属于自己的店铺；一个贫苦的女工，也会梦想着将来能购置一所美丽的住宅。这是多么令人惊叹的梦想力呀!

正是这种梦想，这种希冀，这种对较好的日子将要来临的期盼，才使我们可以保住勇气，可以减轻负重，可以横扫拦在我们眼前的荆棘，走上一往无前的康庄大道。

当然，我们还应该注意，有了梦想，同时还须有实现梦想的坚强意志与决心。徒有梦想而不去努力，徒有愿望而不拿出力量来实现它，那是不能成事的。只有通过实际的行动才能使梦想实现，只有为梦想付出了艰辛的努力才能成功。

我们还要提醒你的是，像其他能力一样，梦想的能力也是会被滥用或误用的。有许多人整天除了做梦以外不做任何别的事。他们把自己的全部生命力，都花费在建造那种连自己也不想实现的空中楼阁上，他们居住在一个不自然而虚幻的世界中。就这样虚度时光，使其他各种能力僵死，以至最终一无所成。

我们愈能实现自己的梦想，我们的能力也会愈强大，我们的工作也会愈有效率。一个旧的梦想的实现，往往可以召唤自己为一个新的梦想而努力。人类就在不断地实现自己“化梦想为事实”的能力中，发现了世界充满着如此美好而又神奇的种种希望。

约翰·哈佛仅以数百美元就创立了哈佛大学。耶鲁大学在初设时，只有少数几本书籍。这些都是能化梦想为事实的活生生的例子。

不要阻断你的梦想！信仰至上并鼓励你对未来充满憧憬！发扬你的梦想，同时努力使之实现！这种使我们向上眺望，往高处奔跑的能力，是上苍赐予我们的。它是指引我们踏上至善至美之路的指南针。你生命中的全部内容，将完全依你对未来的憧憬而定。你的梦想，就是你对生命历程的预言。

将我们的生命铸造于最高的境界，将我们在最高灵感的一瞬间显示给我们模型，并使之永久存留在我们的生命中——这是一件多么伟大的事情！

捕捉灵感的四大妙招

谈到创新思维，人们可能就会谈到灵感。伟大的物理学家爱因斯坦在谈到他形成狭义相对论观点的情景时说：“我躺在床上，那个折磨我的谜，似乎毫无解答的希望，没有一线光明，但是黑暗里透出了光亮，答案出来了！于是我立即投入工作，连续奋斗了5个星期，写成了《论动体的电动力学》的论文。这几个星期我好像处在狂态里一样。”当有人问他关于怎么形成广义相对论观点时，他说：“一天，我坐在伯尔尼专利局的椅子上突然想到：假设一个人自由落体时，他会不会感到自身的重量。我吃了一惊，这个简单的思想实验，给我打上了一个深深的烙印。这是我创立引力论的灵感。”

你可能也有同样的体验：面对同一难题，费了很大精力，搜肠刮肚也没有想出好的解决办法，但是当你吃饭举筷子的一瞬间却想到了一个绝妙主意。这就是灵感在起作用。难怪，爱因斯坦曾郑重地向世人宣称：“我相信灵感。”那么，灵感又是什么呢？从本质上说，灵感仍然是人的一种思维活动，只不过由于它的规律不能为人们所破译，伸缩性极大。

灵感往往一下子闪现，甚至有时是在睡梦中出现，它的到来完全是非预期的。灵感不是常规思维过程的结果，它存在于潜意识中，不为人控制，它是人类不能自觉的。经验证明，灵感往往是在艰苦劳动后或放松之时，受某种刺激而产生的。灵感也有类别：一种是瞬间闪现，一下子便消失，永不再来的，这种灵感最不可捉摸，难以用人类现有知识加以理解；另一种是由于长期致力于某种研究或某类工作，在这之后突然产生的，这种灵感虽不能完全解释清楚，但至少可以察知它与此前的艰苦劳动是密切相关的。

灵感是普遍存在的一种思维，人人都能够自觉加以利用。有些人不了解什么是灵感，以及灵感有些什么特点和规律，即使头脑中已经出现了灵感，也往往会感受不深，把握不住。有些人说获得灵感很容易，而且作用很大。有些人则觉得它似有若无，无足轻重。还有一些人对灵感虽然早已心向往之，却又感到它朦胧不清、虚无缥缈，可望而不可及。还有个别的人根本不相信有灵感存在，视灵感之说为歪门邪道。

其实，只要对灵感现象的机制、特点，及其出现的某些规律有所了解，并且有一定的捕捉和利用灵感的精神准备与敏感，那么每个人都有可能惊喜地发现：自己已经或正在品尝到灵感的甘露。

1. 从偶然现象中寻求灵感

对于偶然出现的种种意外现象，不可轻易放过，应该认真想一想，根据不同情况给予不同程度的重视，以免错过从中获得某种成果或重要线索的机会。因为事物的本质往往要在特定条件下才能充分显露出来。这些意外事物正是具备了必要的特定条件，才展示出事物的某种奥秘。抓住意外事件中闪现的现象，可以激发灵感，顺手牵羊地搞出创新来。

2. 沐浴出灵感

人在沐浴时身体舒展，心情轻松，常能令人有一种摆脱了一切羁绊和负担的心旷神怡之感，有时甚至还会进入一种似睡非睡的半自我催眠状态。这时显意识与潜意识之间的屏障可能已不再是“壁垒森严”，而是已“有所松动”，潜意识信息库里储存的信息能更多、更及时地输送给显意识使用，潜思维更加活跃积极地配合显思维思考问题。这时日夜萦绕心间的问题，有可能突然在头脑中闪现出某种答案或线索来。当我们上床休息时，身心都是放松的，潜意识也会非常活跃，灵感也可能会在此时出现。西方有所谓“三B思考法”：“bed（床）、bath（沐浴）、bus（公共汽车）”（指这三种场合适宜思考），这同我们所讲的卧床和沐浴有利于灵感的诱发，显然是一致的。

3. 听音乐捕捉灵感

不少人感到听音乐，在音乐的氛围中思考，有利于灵感的产生。

爱因斯坦在1928年回答一位记者时说：“音乐并不影响我们的研究工作，而且有时两者出于同一渴望的源泉滋生成长；它们的轻快又互相补充。”

他还说：“伟大的科学家和伟大的作曲家两者在这一点上是相同的——他们都是伟大的诗人。”

达尔文在《自传》中说：“音乐常常迫使我紧张思考我正在研究的

问题。”

日本著名的发明家中松义郎在讲“发明的十大步骤”中，谈到要善于捕捉灵感时说，他在自己的公寓里专门辟了两个房间，一间“静室”，墙上挂满各种绘画作品；一间“动室”，摆了一些音响装置。每天他都要在这两个房间呆上两三个小时，经常一边听音乐，一边思考自己的发明方案。他甚至曾这样说：“每当我听到贝多芬的乐曲，就会难以理解地出现极佳的闪念。也可以说，我的几个发明都是贝多芬给予的。”

4. 急中生智迸发灵感

人的体力要经常在有较大负荷量的活动中才能得到锻炼，从而日益增强。运动员如果不在高标准、高要求之下培训，就难以取得优异的成绩。同样的道理，人的脑力在“饱食终日，无所用心”的情况下，也不可能得到正常的发展。头脑不仅越用越灵，而且在快节奏的紧张状态中，或者在某种急迫危难的情况下，往往还会由于被高强度地使用而活力倍增，并使潜能得以发挥，从而创造出在一般情况下不可能出现的奇迹。

并不是任何人在紧张、急迫、危难的情况下都能逼出灵感，逼出奇迹来。据有的科学家统计，当突发性灾害发生时，只有约 12% ~ 20% 的人能够保持头脑清醒，果断地采取行动；75% 左右的人会茫然失措或表现得精神麻木；10% ~ 25% 的人则会出现惊恐、焦急和严重的行为慌乱，从而使灾害造成更大的损失。

迸发灵感的产生取决于一定的条件。首先要做到临危不乱，保持镇静，同时要冷静地思考。因为灵感毕竟是通过显思维和潜思维共同“想”出来的，而并非“急”出来的。

找到适合自己的最佳选择

什么是选择？就是能够找准自己人生的位置，即定位准确。很多人浪费机遇，做出了错误的选择，所以一事无成。这是教训！但也有很多人能够正确选择，故成就了大事。

多年前，有一位男孩愿意牺牲一切，只为成为一名歌剧演员。他的父母花钱让他上课，就像如今的父母，花钱让小孩上音乐课、舞蹈课一样。但是经过几年的练习之后，他的老师对他成为职业演唱家，不抱任何希望。“孩子，”老师告诉他，“你的声音听起来就像风吹着百叶窗！”

然而，男孩的母亲相信她的孩子，每天在房间里倾听他认真练习。后来，她送他到另一位更有经验的老师那儿学习。为了支付儿子的学费，她没钱买新鞋——有时甚至挨饿。这名男孩后来成为他那个时代最伟大的男高音——他就是卡罗素。

我们的才能就是我们的天职。我们能做什么？这是时代的质问。如果一个人定位不当，用自己的短处而不是长处来工作的话，他就会在永久的卑微和失意中沉沦。反之，如果选择长处来工作的话，则会发挥无限潜能而成功。

英国著名将领兼政治家威灵顿小的时候，连他母亲都认为他是低能儿。他几乎是学校里最差的学生，别人都说他迟钝、呆笨又懒散，好像他什么都不行。他没有什么特长，而且想都没想过要入伍参军。在父母和教师的眼里，他的刻苦和毅力是惟一可取的优点。但是在 46 岁时，他打败了当时世界上除了他以外最伟大的将军拿破仑。

从上述的故事中我们可以得出这样的结论，在选择职业时，不要考虑怎样赚钱最多、怎样最能成名，应该选择最能使自己全力以赴的工作，应该选择能使自己的品格发展得最坚强和最善于团结人的工作，应该选择最能让自己发挥无限潜能的工作。

在伟人中，有许多人出身贫寒，但他们一如既往地与命运做斗争，积累了自己的才能，最终达到成功。任何一个人，无论他出身贫贱还是高贵，如果他有一个坚定正确的目标，稳步前进，那么，无论是人还是魔鬼，都不能阻止他的前进。

人生歧路实在太多，使我们不知道怎样选择。在此，我提出了以下几种面对选择的方法，供大家参考。

1. 认清自己

事实上，许多人东试西试，最后才找到自己真正的方向。美国画家惠斯勒最初想做军人，后来因为化学不及格，从军官学校退学。他说："如果硅是一种气体，我应该已是少将了。"司各脱原想当诗人，但他的诗比不上拜伦，于是他就改写小说。要检讨自己，在制定目标时多用点心思，不要妄想。

2. 宁可矛盾不可将错就错

1912 年美国总统竞选时，新泽西一个小小的城市里有一个集会，罗斯福在那里对乡民演讲。在演讲中，罗斯福提及女子选举权的好处。这时听众中有一个粗大的声音从后面喊着说："先生，五年之前你并不是这样主张的呀！"

罗斯福的答复就足以表现出他这个人的人格了。他说："是的，那时我的学识还不够，我错了。现在我进步了。"

他并不说什么"但是"、"假若"或是其他逃遁之词，而是发表了一个坚强有头脑的人直率勇敢的自白，表现了他能与时代一同前进的精神，勇敢直率地承认他进步了。

3. 你必须自己思考，并付诸行动

即使做出的决定未能如愿以偿，但采取行动能够增加采取更多行动的可能性；而什么也不做只能增加下一次有所选择的可能性，到时候你肯定又会随波逐流的。

随波逐流是轻松的，尤其面临的选择是进入逆水行舟时，它可能是很有诱惑力的。

当有人问卡普斯怎么有勇气离开他在纽约市一家公司那舒适的职位，而到新罕布什尔经营自己的小生意时，他回答的是一系列自问："我希望开始我自己的生意，那样可能发生的最坏的事情是什么呢？我可能失败，可能倾家荡产。如果我倾家荡产，可能发生的最坏的事情是什么呢？我将不得不干任何我能得到的工作。那样可能发生的最坏的事情是什么呢？我又会厌恶这种工作，因为我不喜欢受雇于别人，于是，我会再找一条路子去经营我自己的生意。然后呢？第二次我将会获得成功，因为我知道如何避免失败了。"

4. 对自己的生活负责，就要尊重自己的意志

做出选择时一定要慎重，否则，可能会自食其果。

艰苦的选择，如同艰苦的实践一样，会使人全力以赴，会使人更有力量。躲避和随波逐流是很有诱惑力的，但有一天回忆往事，你可能意识到：随波逐流也是一种选择——但绝不是最好的。

你的生活不是试跑，也不是正式比赛前的准备活动。生活就是生活。不要让生活因为你的不负责任而白白流逝。要记住，你所有的岁月最终都会过去的，只有做出正确的选择，你才配说你已经度过了这些岁月。

将不利因素转化为成功因子

当我正在着手写这本书的那段时间，有一天我到芝加哥大学访问罗伯特·哈金斯校长，请教他是如何解决忧虑的。他的回答是："我一直遵循已故的西尔斯百货公司总裁朱利斯·罗森沃德的建议：‘如果你手中只有一个柠檬，那就做杯柠檬汁吧！’”

这正是那位芝加哥大学校长所采取的方法，但一般人却刚好反其道而行之。如果人们发现命运送给自己的只是一个柠檬，会立即放弃，并说：“我完了！我的命怎么这么不好！一点机会都没有。”于是开始与世界作对，并且陷于自怜之中。如果是一个聪明人得到了一个柠檬，他会说：“我可以从这次不幸中学到什么？怎样才能改善我目前的处境？怎样把这个柠檬做成柠檬汁呢？”

伟大的心理学家阿德勒穷其一生都在研究人类及其潜能，他曾经宣称他发现人类最不可思议的一种特性——“人具有一种反败为胜的力量”。

下面这位女士的经历正好印证了这一句话，这位女士是瑟尔玛·汤普森。她跟我讲述了她的故事：

“战时，我丈夫驻防加州沙漠的陆军基地。为了能经常与他相聚，我搬到附近去住，那实在是个可憎的地方，我简直没见过比那更糟糕的地方。我丈夫出外参加演习时，我就只好一个人待在那间小房子里。那里热得要命——仙人掌树阴下的温度高达华氏 125 度，没有一个可以谈话的人。风沙很大，所有我吃的、呼吸的都充满了沙、沙、沙！

“我觉得自己倒霉到了极点，觉得自己好可怜，于是我写信给我父母，告诉他们我放弃了，准备回家，我一分钟也不能再忍受了，我情愿去坐牢也不想待在这个鬼地方。我父亲的回信只有三名话，这三句话常常萦绕在我心中，并改变了我的一生：

有两个人从铁窗朝外望去，

一个人看到的是满地的泥泞，

另一个人却看到满天的繁星。

“我把这几句话反复念了好几遍，我觉得自己很丢脸。决定找出自己目前处境的有利之处，我要找寻那一片星空。

“我开始与当地居民交朋友，他们的反应令我心动。当我对他们的编织与陶艺表现出极大的兴趣时，他们会把拒绝卖给游客的心爱之物送给我。我研究各式各样的仙人掌及当地植物。我试着多认识土拨鼠，我观看沙漠的黄昏，找寻300万年前的贝壳化石，原来这片沙漠在300万年前曾是海洋。

“是什么带来了这些惊人的改变呢？沙漠并没有发生改变，改变的只是我自己。因为我的态度改变了，正是这种改变使我有了一段精彩的人生经历。我所发现的新天地令我觉得既刺激又兴奋。我着手写一本书——一本小说，它使我逃出了自筑的牢狱，找到了美丽的星辰。”

瑟尔玛·汤普森所发现的正是耶稣诞生前500年希腊人发现的真理：“最美好的事往往也是最困难的。”

哈里·爱默生·佛斯狄克在20世纪再次重述它：“真正的快乐不见得是愉悦的，它多半是一种胜利。”没错，快乐来自一种成就感，一种超越的胜利，一次将柠檬榨成柠檬汁的经历。

我曾造访过一位住在佛罗里达州的快乐农夫，他曾将一个有毒的柠檬做成了可口的柠檬汁。当他买下农地时，他心情十分低落。土地贫瘠，既不适合种植果树，甚至连养猪也不适宜。除了一些矮灌木与响尾蛇，什么都活不了。后来他忽然有了主意，他决定将负债转为资产，他要利用这些响尾蛇。于是不顾大家的惊异，他开始生产响尾蛇肉罐头。几年后我去拜访他时，我发现每年有平均2万名游客到他的响尾蛇农庄来参观。他的生意好极了。我亲眼目睹毒液抽出后送往实验室制作血清，蛇皮以高价售给工厂生产女鞋与皮包，蛇肉装罐运往世界各地。我买了一些当地的风景明信片到村中邮局去寄，发现邮戳盖着“佛罗里达州响尾蛇村”，可见当地人很是以这位把毒柠檬做成甜柠檬汁的农夫为荣。

我旅行全美各地，常有幸见到一些“能干的扭亏为盈”的人。

已故的作者威廉·伯利梭曾写道：“人生最重要的不是以你的所得做投资，任何人都可以这样做。真正重要的是如何从损失中获利。这才需要智慧，也才显示出人的上智下愚。”

伯利梭写这段话时，他已在一次意外中丧失了一条腿。不过，我还认识一位丧失双腿的人，他也能扭亏为盈。他名叫本·佛森。我在乔治亚州大西洋城的一家旅馆的电梯中遇到他。我步入电梯时，注意到这位表情愉悦的人没有腿，他坐在电梯角落的轮椅上。电梯停在他要去的那层楼时，他和善地请我移到角落，以便他更顺利地移动轮椅。“对不起！”他说，“让你不方便了！”脸上挂着温煦的笑容。

我步出电梯回房时，实在没法不想着这位开心的残疾者。于是我找到他，请他告诉我他的故事。

“事情是发生在 1929 年，”他面带微笑说，“我到山上去砍伐山胡桃木，我把木材堆在我的车上，开车回家。忽然一根木条滑下来，正在我急转弯时，木条卡在车轴上，我立即被弹到一棵树上，脊椎骨受了伤，双腿因此瘫痪。当时我 24 岁，从那以后，我没有再走过一步路。”

一个 24 岁的青年，就被宣判一辈子要在轮椅上度过！我问他怎么能这么勇敢地面对事实。他说：“我不能！”他说他当时愤怒抗拒，怨恨命运的捉弄。但是年岁渐长，他发现抗拒对自己毫无帮助，只不过使自己变得尖酸刻薄。“我终于体会到，”他说，“别人都和善礼貌地对我，我起码也应礼貌和善地回应人家。”

我再问他，过了这些年，他是否仍觉得那次事件是个不幸。他说：“不！我几乎庆幸它的发生。”他告诉我，经过了那个震惊与愤恨的阶段，他开始在一个完全不同的世界中生活。他开始阅读并培养对文学的嗜好。14 年来，他说他起码读了 1400 本书，这些书拓展了他的领域，他的人生比以前所能想象的还要丰富。他也开始欣赏音乐，现在令他感动的交响乐以前只会令他打盹。然而，真正最重大的改变，还是他有了思考的时间。“我一生中第一次，”他说，“真正用心看世界，并体会其价值。我终于体会到以前努力追求的很多事其实都没有真正的价值。”

由于阅读，他开始对政治感兴趣，他研究公共问题，坐在轮椅上发表演说！他开始了解人们，而人们也开始认识他。他坐在轮椅上，还当上了乔治亚州州务卿。

我在纽约市教授成人教育课程时，发现很多人都有一个很大的遗憾，没有机会接受大学教育。他们似乎认为未进大学是一种缺陷。而我认识的许多成功的人士都没上过大学，因此我知道这一点并没有那么重要。我常告诉这些学员，有关一个失学者的故事：

他的童年非常贫困。父亲去世后，靠父亲的朋友帮忙才得以安葬。他的母亲必须在一家制伞工厂一天工作 10 个小时，再带些零工回来做，做到晚上 11 点钟。

他就是在这种环境下长大的，有一次他参加教会的戏剧表演，觉得表演非常有趣，于是就开始训练自己公众演说的能力。后来也因此，他进入了政界。30 岁时，他已当选为纽约州议员。不过对接受这样的重大责任，他其实还没有准备妥当。事实上，他亲口告诉我，他还搞不清楚州议员应该做些什么。他开始研读冗长复杂的法案，这些法案对他来说，就跟天书一样。他被选为森林委员会的一员，可是他从来不了解森林，所以他非常担心。他又被选入银行委员会，可是他连银行账户也没有，因此他十分茫然。他告诉我，如果不是耻于向母亲承认自己的挫折感，他可能早就辞职不干了。绝望中，他决定一天研读 16 个小时，把自己无知的酸柠檬，做成知识的甜柠檬汁。因为这种努力，他由一位地方政治人物提升为全国性的政治人物，他的表现如此杰出，连《纽约时报》都尊称他是“纽约市最可敬的市民”。

这位传奇人物就是阿尔·史密斯。

在阿尔开始自我教育后的 10 年，他成为纽约州政府的活字典。他曾连任 4 届纽约州长——当时还没有人拥有这样的纪录。1928 年，他当选为民主党总统候选人。包括哥伦比亚大学及哈佛大学在内的 6 所著名大学，都曾颁授荣誉学位给这位年少失学的人。

阿尔亲口告诉我，如果不是他一天勤读 16 个小时，把他的缺失弥补过来，他绝对不会有后来的成就。

哲学家尼采认为，优秀杰出的人“不仅忍人所不能忍，并且乐于进行这种挑战”。

我越研究那些有成就的人就越深信一点，他们的成功大部分是因为某种缺陷激发了他们的潜能。

威廉·詹姆士曾说：我们最大的弱点，也许会给我们提供一种出乎意料的助力。

没错，弥尔顿如果不是失去视力，可能写不出如此精彩的诗篇。

贝多芬则可能因为耳聋才得以完成更动人的音乐作品。

海伦·凯勒的创作事业完全是受到了耳聋目盲的激发。

如果柴可夫斯基的婚姻不是这么悲惨，逼得他几乎要自杀，他可能难以创作出不朽的《悲怆交响曲》。

托尔斯泰与陀斯妥耶夫斯基都是因为本身命运悲惨，才能写出流传千古的动人小说。

达尔文，这位改变人类科学观点的科学家说：“如果我不是这么无能，我就不可能完成所有这些我辛勤努力完成的工作。”很显然，他坦诚自己受到过弱点的刺激。

达尔文在英国诞生的同一天，在美国肯德基州的小木屋里也诞生了一位婴儿。他也是受到自己缺陷的激发，他就是亚伯拉罕·林肯。如果他生长在一个富有的家庭，得到哈佛大学的法律学位，又有圆满的婚姻，他可能永远不能在葛底斯堡讲出那么深刻动人、不朽的词句，更别提他连任就职时的演说——可算得上是一位统治者最高贵优美的情操，他说：“对人无恶意，常怀慈悲于世人……”

佛斯狄克在其著作中提到：“有一句斯堪第纳维亚地区的俗语说，冰冷的北极风造就了爱斯基摩人。我们什么时候相信人们会因为舒适的日子，没有任何困难而觉得快乐？刚好相反，一个自怜的人即使舒服地靠在沙发上，也不会停止自怜。反倒是不计环境优劣的人常能快乐，他们极富责任感，从不逃避。我要再强调一遍——坚毅的爱斯基摩人是冰冷的北极风所造就的。”

如果我们真的灰心到看不出有任何转变的希望——这里有两个我们起码应该一试的理由，这两个理由保证我们试了只有更好，不会更坏。

第一个理由：我们可能成功。

第二个理由：即使未能成功，这种努力的本身已迫使我们向前看，而不是只会悔恨，它会驱除消极的想法，代之以积极的思想。它激发创造力，促使我们忙碌，也就没有时间与心情去为那些已成过去的事忧伤了。

世界著名的小提琴家欧尔·布尔在巴黎的一次音乐会上，忽然小提琴的A弦断了，他面不改色地以剩余的三条弦奏完全曲。佛斯狄克说：“这就是人生，断了一条弦，你还能以剩余的三条弦继续演奏。”

这还不只是人生，这是超越人生，是生命的凯歌！

如果我做得到的话，我要把威廉·伯利梭的这段话镂刻悬挂在每一所学校里：

人生最重要的不只是运用你所拥有的，任何人都会这样做；真正重要的课题是如何从你的损失中获利，这才需要真智慧，也才显示出人的上智下愚。

不要惧怕冒险与尝试

当我们开始为实现某一目标而努力时，都期待着美好的结局。但当我们在向目标迈进的过程中遇到困难时，我们会很自我地担心梦想不会实现，我们将在经济或人身方面受到伤害。我们在生活中总是急于得到某些东西，而没时间看清自己究竟想要什么，只能用松散、含糊的语句描述我们想要的东西。我们说自己想要安全、经济自由、快乐或事业发达。但除非一开始我们就确切知道自己想要的是什么，否则就很容易在每天面临的困境中迷失方向。这些难题甚至会在我们的头脑中变得更加困难，最终成为阻碍我们前进的障碍。正如富兰克林·罗斯福所言："没有什么能真正使我们感到恐惧——除了恐惧本身。"

许多企业家和靠自我奋斗成为百万富翁的人都是天生的解决问题专家。他们把注意力更多集中在寻找解决问题的办法而不是问题本身上。他们的领导风格是在与他人分享奋斗目标的基础上，把精力投注在本部门成员身上，看看他们有什么解决办法。如果你坚信自己会取得成功，并对这一过程信心十足的话，你就应该不看重这些难题，而看重解决问题的方法。我们可以把这种看待失败的态度叫"那又怎么样？"

"那又怎么样？"和"谁在乎？"是两种不同的态度。一个是决定要获取成功，对失败耸耸肩，继续手头的工作。另一个则从根本上与成功背道而驰，结果是滋生出惰性。

对于任何事情来讲，"在乎"是很重要的，但相信自己有能力从失败中站起来也同样重要。失败不是最终结果，除非你想那样。沃尔特·迪斯尼破了产，正处于精神崩溃后的恢复时期，这时他制作了《轮船威利驶向好莱坞》，现在人们所熟知的米老鼠第一次就是在那部片子里出现。后来迪斯尼说，破产是他一生中最大的教训。从生意角度讲，如果能从这样的打击中恢复过来，那就没什么可怕的了。

其实，人类通常面临的最大障碍就是自己，并且这种障碍只存在于人的头脑中，如果你明白了这一点，就会换上一种全新的、能看到更多机会的眼光。当然，我们并不是暗示大家漠视责任感或真正的威胁，而只是请求你看清真正的危险和想象中的危险的区别。

对真实存在的危险要谨慎；而对臆想出来的就不必在意。美国第 26 届总统西奥多·罗斯福说：

"有价值的人不是批评家，也不是指出强者是如何摔倒的人，或者指出'哪里，哪里'实干家可以做得更好的人。荣誉属于身在竞技场中的斗士。

他们脸上沾满了尘土、汗水和血；他们英勇搏击，失败了又站起来，一遍又一遍；他们对伟大的热情、对伟大的献身精神有着深刻的理解，全身心地投入到有价值的事业之中；从最好的方面看，他们体验到最后获得巨大成功的喜悦；从最坏的方面看，如果他们失败了，也虽败犹荣，因为他们面对失败英勇无畏；所以勇士们决不会与那些冰冷的、萎靡的，不知胜利也不知失败为何物的灵魂为伍。”

我们知道，赢家之所以成功，很大程度上归功于他们的那种“不放弃”的精神。有时当我们开始实现个人成功的目标时，决心是我们惟一的资源；也许只有它能推动我们前进，是我们拥有的惟一希望。回首我们走过的生活历程，有什么曾是你非常想得到的，而你完全是通过自己的努力，没借助任何帮助得到了它，这是值得骄傲的一件事。可更常见的情况是，当我们展望未来时，回忆起来的往往只有失败。所以当回忆往事时，只回想你取得的一切成功，不管它多么微小。用这些经历加强你的自信，发掘出再次成功的潜力。

要放弃真是太容易了。放弃了就可以不必面对难题，等下次再说吧。我们找的理由似乎也很充分，同事、朋友都已经准备好一掬同情之泪：“别担心，下次会成功的。”但事实上你知道，也许他们也知道，“下一次”可远得很呢，也许再也不会有。

别放弃，别停止寻找解决问题的办法。当你下决心克服一辈子的恐惧时，当你发现只需简单的行动和投入就能坚定你的决心和开发自信时，你会觉得这是多么令人惊异。在这个过程中你将会发现，你所担心的事原来是微不足道的。

失败可以追随人的一生，也可以成为成功之母。这取决于你自己。这也决定了你把自己看成是失败者还是胜利者。

如果想成功，把注意力放在你追求的成功结局上吧。别让过去的失败变成精神上的障碍。把思想和技能集中于你正在做的事情上，驱除所有关于失败的想法。

如果吃过美味，你会永远爱吃；同样的，如果知道冒险的乐趣，你也会永远沉迷于冒险，而不肯舍弃。在开始我们伟大的探险前，让我们先下一个必成的决心。也许你平常对旅游兴趣不浓，甚至连一次小野餐都不愿意参加；现在你却面对着一个关系一生荣辱，寻找更丰富的生命的旅行。你必须用饥者求食、渴者求饮所具有的精神与毅力得到成功的美味。

如果你能预知这种生活会带给你多大的快乐，相信你会迫不及待地去开始寻找。有些青年朋友喜欢无拘无束，寻欢作乐，随俗浮沉。他们认为有所不为是既迂腐又落伍的想法，而自我放纵才是自我表现。这一点令人难以苟同。只有不能自制的人才堕落得最快。一条力争上游的鱼，抵得上十条在静水中游荡、因循苟且的同类。

大多数人都喜欢走容易之路，找到捷径，这样可以节省些力气。精神与肉体都懒散的人就不喜欢改变现状，不过他们也从来没尝到过胜利的狂喜。在第一世界大战中，有一位突击队长在任务回程中受伤，地点是火线上。敌人密集的枪弹把他躺着的地方封锁得密不透风，似乎在说，看看有谁来救他。连长征求两名志愿者去救他。结果全连都跨步向前。少校选择了两名兵龄最长者，这两个果然不负众望，一寸一寸地匍匐着爬到伤者身边把他拖救了出来。一个精锐的部队，队员大多数都把生死置之度外去接受特别艰险的任务。他们认为那是一种荣誉。

一直躲在战壕里的人是一点也不够刺激的，伸出你的头看一看，你会有完全不同的感受。是的，只要你把头抬高一点，你的日子再也不单调乏味了。

美国青年创业训练营每年都要招训成千渴望成为领导人物的青少年。这些青少年时时接受这样一句忠告：“接受困难，敢于冒险。”

训练营中经常弥漫着一股尖锐的杀伐之气。这些青少年在种种场合中个个都想出人头地，崭露头角。棒球赛、跳水比赛、爬杆比赛，就像上心理课程一样，紧张刺激而全神贯注。老师们把课程排得非常紧凑而有趣。每一周都举行余兴节目，每一个人都要学习如何表现自己，怎样使自己感到快乐，把握自己的个性使它能吸引众人。一定争取最能够领导而又最能影响别人的机会与地位。在这样一个自励过程中，所有青年都在全心全力地表现自我、发展自我。来这里受训的学员能体验到生命的各个方面都充满趣味。还有什么地方更能让男孩子或女孩子体会到生命的新境界呢？训练营的格言是："随时随地，表现自我，竭尽心力！"随着训练项目，他们尽其所能地生活着，光荣地完成训练。

对一个奉献自己的人来讲，生活是一种光荣的冒险事业。一早从床上跳下来就充满战斗力，面对可能使你沮丧的人或环境，那你是走在胜利的路上了。因为只要你肯于对问题采取积极的态度，你的问题就已经解决了一半。只要你使出更大的心力，胜利就会提早来临。

你也许会问，如何冒险？第一点是你要承认积极进取的生活可以改变人生整个面貌。大多数人都是忧虑、恐惧的牺牲者：怕生病、怕过苦日子、怕失去现有职业、怕失败。但你必须了解勇气之中就含有忧虑和恐惧成分，重点在于如何去克服它。当你敢于向忧虑和恐惧进攻，那就说明你已经控制了忧虑和恐惧，不再为其所控制了。

人为什么要冒险？因为不冒险就永远不会有胜利。每一个人心里都希望自己成为某种人物，能达到某种境界。问题出在大家坐等机会来临，机会是不会光临守株待兔的人的，只有进取的人才能抓到机会。

或许你现在坐在椅子上阅读本章时会说："你说得很好，但是我的环境不同，不允许我去冒险。"这种观念是你最大的敌人。你在这种情形之下，更应当冒更大的险，愈是平平庸庸的人生愈需要冒险。你的弱点要靠坚强的行动来治疗它。不妨做出出人意料的事，必要时破窗而出。现在就开始！

当你敢于想得更伟大，敢于要做一个伟大的人物，你将拥有更丰富的生命。世界上到处充满机会，敢于冒险必然会有丰富的收获。在科学方面、宗教方面、实业方面、教育方面，到处都需要有勇气面对困难的人才。世界迫切需要的是攻击型的人才，而非防御型的人才。

你且平心静气地问问自己，你对生命作何想法，对你自己作何想法。你满意于就你目前能力所负的一点点责任吗？你满意于跟在别人后面生活吗？你画地自限地说我的能力到此为止吗？还是你心里自认为是属于弥足珍贵的少数者之一，怀抱着一种渴望的心情，有一天攀登领导地位，做出最大的贡献？假使是后者，你就是我们所要寻找的人。你不必等待“有一天”，现在就开始。

永不停止时刻追求进步

一杯新鲜的水，如果放着不用，不久就会变臭。同样，一个经营得很好的商店，店主如果不时刻做更好更新的改进，他的经营也必定会逐渐衰退。

一个积极的成功者的特征，就是能永不停止，随时随地地追求进步。

成功的人深惧退步，害怕堕落，因此他总是自强不息地力求改进。一件事做到某一个阶段，决不可停止下来，而应该继续努力，以达到更高的高度。一个人在事业上自以为满足而不再追求进步时，便是他的事业由盛转衰的开始。每天早晨，我们都应该下定决心：要力求在职务上做得更好些，较昨天当有所进步，而晚上离开办公室、离开工厂或其他工作场所时，一切都应安排得比昨天更好。坚持这样做的人，在短短的时间之内其事业必定有惊人的成就。

永不停止行动，具有极大的感染力。不断改进的雇主，会感染他的雇员，使得雇员们也养成行动习惯来改进日常的工作。如果雇主能通过这种做法来激励自己的雇员，促使他们加以自觉的努力，那么，这样的雇主在他的事业生涯中相当于获得了强有力的同盟者。

一个想成就大业的人，必须常同外界接触，常同其竞争者接触，应前往模范店铺、商场、展览会以及一切管理良好的机构团体参观访问，借鉴新的有效的管理方法。美国芝加哥有一个成功的零售商，他利用一星期的假期，去参观访问国内的大商场，由此他得到了改良自己商场的办法。在此之后，他便每年到东部做旅行，专门去研究几家大规模商场的销售方法和管理方法。他认为，这样的参观是绝对必要的。否则，墨守成规、一成不变地做下去，必定会走向失败。他说，他的商场经过几番改进后和以前已大不相同了。以前从未注意的缺点，比如货品的摆设不能吸引顾客，雇工工作的不认真，等等。经过对优秀同业者的参观，这些缺点便历历在目，引起他极大的注意。于是，他开始大刀阔斧地调整，比如改变橱柜的陈列，辞退不忠于职守的雇员，等等。这样做以后，店内的气象就此焕然一新。

一个从不出自己店铺的大门、不与别人沟通的人，对于自己商店中的营业情况、店员的缺点，往往是盲目的，往往对各种问题都不易察觉。所以，要使自己的店铺发达，惟一的方法就是使新的光线进入店铺，需要经常去看看同行的做法，与同行的沟通交流往往可以作为改进的借鉴。

人的身体之所以能保持健康活泼，是因为人体的血液时刻在更新。同样，从事商业的人，应该时常吸收新鲜的思想，获得改进的方法。惟有如此，事业才能一天一天地发展起来，直至成功。

那些老是呆在一个环境中的人，必定要走入失败的迷途。他们往往对现实状况心满意足，对存在的缺陷又毫不察觉。对于这种种缺陷，他们如果不变换自己的环境，是绝对发现不了的。

一个旅馆的经理，在他踏进另一家旅馆的刹那间，便会注意到许多应该加以改进的地方。他在很短的时间内所看到的值得改良之处，一定要比旅馆终年不外出的主人在一年之内看到的多。

大多数人的弊病是，他们认为，要改进自己的事业，必须整个改进。他们不知道改进的惟一秘诀，乃是随时随地求改进，在小事上求改进，所谓大处着眼，小处着手。其实，也只有随时随地求改进，才能收到最好的成效。如果把这句话贴在自己的办公室里，一定会有所功效：“今天我应该在哪里改进我的事务？”

谁说这辈子只能这样

很多人为了一些虚无缥缈的身外之物，掩藏自己的个性，整日说着违心的话，虚伪地活着，做着自己极不情愿的事情，最后弄得自己身心疲惫。

很多人总是看着别人生活，却忘掉自己。他们总希望有一天能成为别人的样子，希望得到别人所拥有的一切，所以他们苦恼。其实这样的人更加悲哀，因为他们永远成为不了别人。

一个富人和一个农民相遇了。富人对农民健康的体魄羡慕不已，农民对富人的财富更是赞不绝口。于是他们找到了上帝，请求上帝让他们互换身份，上帝满足了他们的愿望。于是富人得到了农民的健康，农民得到了富人的财富。

富人得到了健康，心想可以高高兴兴地游山玩水了，但没有钱，他必须赚钱。他有健康的身体，加之头脑聪明，从小生意做起，越做越大，很快又成为富人。成为富人以后，再也没有时间出去游山玩水了，而且整天忧心忡忡，放心不下自己的生意。时间久了，富人的身体每况愈下，又变成了以前那个渴望身体健康的富人了。

农民获得了富人的财富后，先是山珍海味大吃一通，不久就厌倦了，而且农民有病在身，胃口变得越来越差。再者农民不知道怎么做生意，无法把富人的财富变成更多的财富。这样农民把富人的钱用光后，反倒安下心来，又回去种田了。每日早出晚归，无忧无虑，身体渐渐强壮起来，又变成了以前那个身体健壮的农民了。

一天富人和农民又相遇了，富人无不羡慕地说："你的身体强壮的可以打死一头老虎！"

农民也羡慕地说："你一顿吃掉了我一个月的工钱啊！"

说完，富人和农民哈哈大笑起来。

富人仍然是富人，农民仍然是农民，我们永远不可能成为别人，我们的努力是徒劳的。每个人都有每个人的活法，我们无法选择长相、无法选择出身，但我们可以选择自己喜欢的生活。

没有鲜花、没有掌声、没有万贯家产，这些都不可怕，因为我们还可以做自己，还可以快乐。最可怕的是：迷失自我，迷失了本性，只会人云亦云，不知道自己在做什么，想做什么，为什么要做。没有能力不可怕，可怕的是盲目，富人和农民盲目地迷恋对方所拥有的东西，最终还是一无所获。

我的朋友安西生在一个大家庭里，这个家庭在蒙大拿州成功地经营着一家奶牛场，至今已有三代。同邻居、朋友们一样，安西也热爱土地和牲畜。他十分喜欢农场生活，打算以后继承家业。

自从安西在学院选修了一门潜水课之后，他的生活目标便发生了变化。他曾在学校的游泳池和一条宽阔的河流中做过潜水练习；他还跨过两个州到海边去训练。安西从未学习过游泳，他要想完成课程，就必须游完一英里的距离。他不得不选修了一门游泳课作为辅助课程，还每天坚持跑步（这不是他喜好的运动项目），以便能够达到通过考试所需的体能要求。

童年时代，安西经常看过海底世界节目，这给他留下了深刻的印象。安西开始越来越多地思考着这个迷人的王国。他阅读了大量有关海底世界的图书，还另外订购了与海底探险有关的文学作品。他梦想着有朝一日能与那些奇特的鱼结伴而行，去看那美丽的珊瑚礁。

在一个假期里，他取出所有的积蓄，乘飞机到布拉克群岛去潜水——这次探险为他打开了一个崭新的世界。

所有的人都认为，安西的这个爱好不过是暂时的兴趣，就像其他人一样，几年之后就会过去的。然而，当安西着手调查美国的潜水学校时，他的家人开始有些担心了。安西的兴趣与他们的生活毫无关联，因而，他们怀疑他的兴趣是否可行。他们很爱安西，但他们把安西的爱好看成是异想天开，只会浪费钱财。跟其他许多年轻人一样，安西对家庭怀着很深的爱与珍惜，十分看重家人的意见。他的志向与家人的意见尖锐对立，他感到十分为难。另外，潜水学校离家很远，若去那求学，他肯定会想家的。

最后，他终于做出决定：安西选择了一所他认为最好的学校，寄出了他的入学申请。

学费十分昂贵；为了积攒学费，他不得不努力打工。他生活得十分简朴，以便尽快攒够学费。由于很少有人理解他和支持他，他知道，他被人视为“特别的”人。由于他遇到种种挫折，学业只能一拖再拖。有多少次，他的梦想似乎离他远去。他怀疑是否环境在告诫他应放弃理想，去寻求更“现实”一些的人生目标。然而，他清楚地知道他的理想是什么，并为此努力地坚持着。

两年后，安西终于进入了潜水学校。他非常珍惜这次机会，学习十分刻苦，并以优异的成绩完成学业。之后他做过潜水员，做过教练。

有了宝贵的实践经验和大量的教学经验之后，安西又利用业余时间学习其他课程。后来他又发现自己对海洋科学方面问题的兴趣，这给他开辟了广阔的发展前景。

他的成功经过进一步充实，又引来新的成功。在安西 27 岁这一年，人们已将他视为这个领域的顶尖人物。如今他的家人都为他的成就感到自豪，也拥有很多的朋友。现在别人会说，安西是有些“特别”，但在他们所认识的人当中，安西是最有趣、最幸福的一个！

我们要像安西一样，对自己的理想要有决断力，学会按照自己内心的指示去做事。只要我们把注意力集中到一点上，就像让阳光通过凹透镜聚焦在一点，直至让物体燃烧。你可不要小瞧这小小的亮点，他能让我们展示出愿望和理想的光辉，甚至，会让困难变成我们前进的动力。

世上有许多人，用什么词来描绘他们都行，例如一种职业、一个身份、一个角色，唯独不见了他自己。如果一个人总是依照别人的意见生活，总是毫无主见地忙碌，不去独立思考问题，不关注自己的内心世界，那么，说他不是他自己就一点儿也没有冤枉他。因为在他的身上我们找不到一样真正属于他自己的东西，他只是别人的一个影子和事务的一架机器而已。

世上的每个人都是独一无二，不可复制的。正如卢梭所说："上帝把你造出来后，就把那个属于你的特定的模子打碎了。"

我就是我，别人成为不了我，我也没有必要去模仿别人。虽然我们不能随心所欲，想说什么就说什么，想做什么就做什么，但我们始终都是自己人生这部戏的主角。

第七辑

懂婚姻的人越过越美满

chapter　7

引语

家庭生活，看似简单，但要使家庭生活幸福美满，对一个不懂婚姻的女人或男人来说，实际上要比我们想的要微妙得多。

俄国小说家屠格涅夫誉满全球，他的作品在很多国家广泛流传，影响了一代又一代青年，但在谈到婚姻时，他却这样认为：如果在某个地方有某个女人对我过了晚饭时间还没有回家，仍抱着十分关心的态度，我宁愿放弃我所有的天才和所有的作品。

我曾多次问我的学员这样一个问题：当你的婚姻大堤出现裂痕时，你是意气用事，大吵大闹一场？还是心平气和地静坐下来问自己“为什么婚姻会出问题？”

幸福快乐的婚姻家庭，究竟有多少？桃乐丝·狄克斯认为，半数以上的婚姻都是失败的，但鲍本诺博士却不赞同这种看法。他说：“男人在婚姻上获得成功的机会，比他在任何事业上获得成功的机会都大。所有进入买卖食品杂货行业的男人，百分之七十会失败。而所有步入结婚礼堂的男人和女人，百分之七十会成功。”

不要忽略见证爱情的小节

注意生活中的细节，就是对你所敬爱的人，表示你对他（她）的思念，并希望他（她）快乐。而他（她）的快乐，也会使你有同样的感觉。自古以来，鲜花一直是爱情的代言人。它不需要花掉你多少钱，尤其是在花季的时候，在街口、路口，都可以看到卖花的人。顺便问一句，各位是否经常记得带一束鲜花回家给爱人？你或许以为它们都是贵如兰花，或者是你把它们看做了瑶池中的仙草，才不想付出那般的代价，带回去给爱人？

不要等到爱人生病住院时才给她买花。大可以经常买束花送给她，看看有什么效果。乔治·柯汉是百老汇最忙的人，每天都习以为常地给他母亲打两次电话，直到她老人家去世的时候。你以为每次柯汉打电话给母亲，是有什么重要的事情要告诉老人家？那你就想错了。他只是在表达自己对母亲的关心，母亲自然也感到很幸福。

女人对生日，特别是纪念日，都看得十分重要——原因是什么呢？

那该是女人心理上一个神秘的谜！

现实生活中，很多男人都把应该记住的日子忘得干干净净。可是有几个“日子”是千万不能忘记的，比方说妻子的生日，或者结婚纪念日。如果不能完全记起来，最重要的，别把妻子的生日忘记。

芝加哥的约瑟夫·沙巴斯法官，曾审理过数万件婚姻冲突的案子，并使2000对夫妇重归于好。他说：“大部分的夫妇不和，都是起因于许多琐屑的事情。诸如，当丈夫离家上班的时候，太太向他挥手再见，可能就会使许多夫妇免于离婚。”

英国著名诗人劳勃·布朗宁和著名女诗人伊丽莎白·巴瑞特·布朗宁的婚姻，之所以被很多人视为有史以来最美妙的婚姻，缘由并不是因为两人在文学上志同道合，而是因为两人永远不会忙得忘记在一些小细节上赞美和照顾对方，正是这使两人得以保持爱的新鲜。

大多数男人低估这些小节的重要性。正如盖诺·麦道斯在《评论画报》上一篇文章所说的：美国家庭真需要一些新的花样。例如，床上吃早饭，就是大多数女人喜欢放纵一下的事情。在床上吃早饭，对于女人，就像私人俱乐部对于男人一样，有很大的功效。

这就是长久婚姻的真相——一连串细琐的小事情。

忽视这些小事的夫妇，就不可能幸福。诗人艾德娜·米蕾，在她一篇小巧的押韵诗中这样说：并非失去的爱破坏我美好的时光，但爱的失去，都是在小小的地方。这是值得记下来的一段好诗。

雷诺州有好几个法院，一个星期有六天工作日，为人们办理结婚和离婚，据不完全统计，每十对结婚，就有一对离婚。这些婚姻的破灭，究竟有多少是由于真正的大事引起的呢？真是少之又少。假如你能够从早到晚坐在那里，听听那些不快乐的丈夫和妻子所说的话，你就知道“爱的失去，都是在小小的地方”。

有若干的男士们，对夫妻间每天发生的琐碎事，都太低估了。这样长久下去，会忽略了这些事实的存在，婚姻的不幸发生在他们身上也就不难理解了。

现在你可以试着把这几句话写下，贴在墙上或是镜子上，使你每天可以看到，这几句话是：很多东西一疏忽就溜掉了，所以，要及时地做那些对人有帮助的事情；要及时地对人表达你的关心。及时地去做，不要等待，因为很多东西一疏忽就溜掉了。

有千万个家庭，就有千万种生活方式。虽然生活方式各不相同，但这个准则在生活中需要大家注意，因为它是家庭幸福和睦的保证。

记住：家庭和睦礼为先

很多男女在结婚之前十分注重自己的修养与礼貌，因为他们要给对方留下一个好的印象。可是婚后他们似乎就变了，变得让对方感到陌生，感到难以接受。

夫妻间相敬如宾，这对婚后的生活极为重要，礼貌是婚姻幸福的一种催化剂。那种张口就骂，动辄出手的家庭很难获得一个安宁而幸福的生活。

丹姆罗希与勃雷的女儿结婚了。勃雷是美国一位有名的演说家，曾一度成为总统候选人。多年前，他们在苏格兰一位朋友的家里认识后，丹姆罗希夫妇就一直过着令人羡慕的快乐生活。那么他们幸福快乐的秘诀是什么？

“除了慎重选择自己的伴侣外，”丹姆罗希夫人说，“我认为结婚后的礼貌最重要的。年轻的妻子们对她们的丈夫应该像对刚见面的人一样有礼！无论哪一个男人都会逃避一个泼妇的口舌。”

没有礼貌是侵蚀爱情的祸水。也许我们每个人都知道这一点，而且我们也都会感觉到这一点，我们对陌生人比对自家人或亲属要更加客气有礼，我们绝对不会想到要阻止陌生人说：“哎哟，你又要讲那旧故事了吗？”我们决然不会未经许可而拆朋友的信，或窥探他们私人的秘密。而只有家中的人，我们最亲近的人，我们才敢因为他们的小错而侮辱他们。

让我们看看狄克斯所说的一句话：“那是一件惊人的事，但惟一真实地对我们说出刻薄、侮辱、伤感情的话的人，都是我们自家的人。”

在荷兰，当你进入屋子之前，必须将鞋脱在门口。这里我们可从荷兰人学到一个教训——将我们每天工作中的烦闷在进家以前清除掉。不要有一丝一毫的保留，哪怕只是一个小小的表情。

詹姆士有一次曾写过一篇文章，名为《人类的某种盲目》。“本文所要讨论的人类的盲目，”他如此写道，“是我们人人都患有的关于与我们不同的动物及人的感情的盲目。”

“人人都患有的感情的盲目”，许多男性决然想不到对顾客，或对他们工作中的同事说出难听之言，却可以轻而易举地对他们的妻子狂吼。而从他们的个人快乐角度来看，婚姻比他们的工作更加重要，关系更加密切。

狄克斯曾说：“与婚姻相比，出生不过是一生的一幕，死亡不过是一件琐屑的意外。……女人永远不能明白，为什么男人不用同样的努力，使他的家庭成为一个发达的机关，如同他使他的经营或职业成功一样……显然有一个妻子，一个和平快乐的家庭，比赚100万美元对一个男人更有意义……女人永远不明白，为什么她的丈夫不用一点外交手段来对待她。为什么不多用一点温柔手段，而不是高压手段。这对他是有益的。”

他还说："大凡男人都知道，自己可先让妻子快乐然后使她做任何事，并且不需任何报酬。他知道如果他给她几句简单的恭维，说她管家如何好，她如何帮他的忙，她就会节省每一分钱。每个男人都知道，如果他告诉他的妻子，她穿着去年的衣服如何美丽、可爱，她就不会再买最时髦的巴黎进口货了。每个男人都知道，他可把妻子的眼睛吻得闭起来，直到她盲如蝙蝠；他只要在她唇上热烈地一吻，即可使她哑如牡蛎。

"而且每个妻子部知道，她的丈夫都知道自己对他需要些什么，因为她已经完全给他表白过。她又永远不知道是要对他发怒，还是讨厌他，因为他情愿与她争吵，情愿浪费他的钱为她买新衣、汽车、珠宝，也不愿为一点小事去谄媚，按她所迫切要求的来对待她。"

幸福的家庭拒绝批评

正如唠叨、不礼貌是影响婚姻和家庭幸福的礁石一样，批评——无用而令人心碎的批评，也是婚姻幸福的敌手。

不要时时处处批评对方，这样改变不了对方。可有些人不仅在家庭内部，而且在朋友和熟人面前，也不忘批评和指责自己的伴侣。这种批评不仅改变不了对方的缺点和错误，反而伤害了双方的感情。如果对方确实有错，那就委婉地提出，真诚地帮助，甚至以情感的力量去感化对方，相信对方一定会在意你所付出的一切。

狄斯瑞利在公众生活中最激烈的对手是格莱斯通，这两人在大英帝国的每次辩论中都要冲突，但他们有一件共同的事，即他们的私人生活都很快乐。

格莱斯通夫妇共同生活了 59 年。我喜欢想到格莱斯通这位英国最尊贵的首相，想到他握着他妻子的手，绕着炉前的地毯跳舞，唱着他们心中的歌。格莱斯通在公众面前是一个可畏的形象，而在家中从未批评过家人。当他早晨下楼用餐时，看见家人还在睡觉，他就用一种温柔的方式表示责备。他提高嗓门使屋中充满了神秘的声音，提醒别人，英国最忙的人独自在楼下等候一个早晨。他既体恤人，又有外交手段，竭力避免家庭中的批评。

俄罗斯也有一位在处理家务问题上与格莱斯通相类似的人，她就是女皇叶卡特艾琳娜二世。她当时统治着世界上最大的帝国，有着至高无上的权力。在政治上，她常是一个残暴的君主，打仗、杀头对她来说都无所畏惧。但在家中，如果厨师把肉烤焦了，她什么也不说，微笑着就吃掉它。

如果你有意批评你的小孩子……你以为我会说“别……”，但我不说。我只是说在你批评他们以前，读一读美国杂志作品中的一篇名著：《父亲忘了》。

这篇文章最初发表在《大众家庭》杂志上。

15 年来，《父亲忘了》曾被多次翻印，在数百种杂志，机关，以及全国各地的报纸上刊登，并译成多种外国文字。我曾许可数千人在学校里、教会里，以及讲台上宣读。广播上、电视台也多次播出，尤为奇怪的，大学的杂志采用它，中学的杂志也采用。有时一篇短文似乎具有动人的力量，这篇真的是这样。

《父亲忘了》全文如下：

静听，我儿。我在你睡熟的时候这样说，一只小手掌，被你的小脸压皱，金色头发贴在你潮湿的额头上。我独自偷偷溜进你的房间，只是在几分钟前，我坐在书房读报的时候，一种窒息的懊悔情绪遍布我全身，我充满内疚地来到你的床前。

孩子，这些是我想的事：我曾对你粗暴，当你整装入学的时候，我骂你，因为你只用毛巾将脸一抹。我因为你没有擦鞋，罚你劳动。当你将东西丢在地板上时，我愤怒地大声呵斥。

早餐时，我也找茬：你弄洒了东西，你直接吞下你的食物，你将肘放在桌上，你在面包上抹的黄油太厚。当你开始玩，我去赶火车的时候，你转过来挥手喊着："爸爸，再见！"我又皱起眉头来回答说："把胸膛挺起来。"

傍晚的时候，这一切又重新开始了。我从街上回来，发现你跪在地上玩石子，你的袜子磨出了洞。我命令你在我前面走回家去，我使你在你朋友面前蒙受耻辱。"袜子费钱——如果你自己赚钱买它们，你就会更小心了！"试想，孩子，那种话竟由一个做父亲的口中说出来！你记得吗？后来，当我在书房阅读时，你怎样畏畏缩缩地进来，眼中显出一种伤感的神色。当我读完报纸抬起头来盯着你，对你的"打搅"很不耐烦，你在门边犹豫着。

"你要干什么？"我怒喝道。

你没有说什么，而是冲动地一跃，跑过来用两臂抱住我的脖子，给我一个亲吻。你紧紧的两只小手臂让我感到一种热情——上帝如果将花栽在你心中，即使置之不理，这种热情也不会使它枯萎。然后你走了，踏击着楼梯，上楼了。

啊，孩子，在那一瞬间，报纸从我手中溜下去，一种可怕的痛苦和恐惧涌到我的身上：我养成了些什么习惯？找错的习惯，责备的习惯——这就是我对你做孩子的奖励，并不是因为我不爱你，而是因为我希望你——一个未成年孩子的太多，那是用我自己岁数的尺码来衡量你的。

在你的品格之中，有许多地方是真、善、美的。你小小的心，是同在广大的群山那边的太阳一样大，你自然地冲动地跑进来给我亲吻就可以证明。

孩子，今夜没有其他事了，我在黑暗中来到你床边，我羞惭地跪在这里！

这是一种微弱的赎罪。我知道如果我在你清醒的时候告诉你，你不能理解这些事。但明天我将是一个真实的父亲了！我要与你亲密，你哭、我也哭，你笑、我也笑。当批评的话来到嘴边，我要咬我的舌头，我不断地说：他不过是一个孩子——一个小孩！

我恐怕自己已经把你想象为一个成人。

但当我现在看你的时候，孩子，蜷缩在你的床上，我看见你还是一个婴孩。昨天你还在你母亲的怀中，你的头倚靠在她的肩上。

我要求得太多，太多了。

夫妻相处之道在乎坦诚与体谅，要营造一个幸福和谐的家庭，请牢记以下名言：多些信任和接纳，给予空间，并以行动表示谅解；多包容，多忍耐，多欣赏，少批评，少抱怨。狄克斯是研究婚姻不幸问题的专家，他认为，在所有婚姻中，有50%以上是失败的；他知道使许多罗曼之梦撞击离婚礁石的一个原因，就是批评——无用的，令人心碎的批评。

用赞赏的心态看对方

赞赏对方是一笔巨大的精神力量，它是金钱难以买到的，是超越所有金钱的价值更高的财富。一个家庭如果到处充满着赞赏，想不幸福都难，难于上青天。

赞赏对方是一本万利的事。每个男人都知道，用奉承的方式可使自己的太太愿意做任何事情，而且什么也不顾地去做。他知道，如果他只夸奖她几句，说她家庭管理得如何好，说她如何帮助他而不必花他一个钱，她都会把她的每一分私房钱都赔上。

每一个太太都认为自己的丈夫完全知道该怎么做，因为她早已把如何对待她的方式全部告诉了他。但他宁愿不顺从她的意思，反而花钱吃不好的东西，把钱浪费在为她买新衣服、新型豪华轿车上，而不愿意花精神来奉承她一点，不愿意以她所要的方式来对待她。她真不知道该喜欢他呢，还是讨厌他。

做丈夫的应该多开口对妻子说话。说什么话呢？毫无疑问，说赞赏的话。比方说，对于妻子在打扮美丽和穿着方面所花去的心思，丈夫应该表示出他的赏识。所有的男人，都知道女人非常注意衣着，但也常常会忘记这件事。例如，有一个男人和一个女人，在街上遇到了另一个男人和女人，这位女人很少会看另外一个男人，她通常会注意看另一位女人的衣着怎样。

各位男士，大多不会记得他们五年以前穿的是什么西装或衬衣，而且差不多就没有记住这些事情的念头。

但是女人——她们就不同了，男人真应该认清这点。法国上流社会的男人，在这方面很有教养，不但对女人穿戴的衣帽表示赞美，并且在一个晚上不止赞美一次，而是好几次。几千万个法国男人都这么做，一定有他们的道理。

我曾在一本杂志上看到了一段访问艾迪·康塔的记录。“我得自夫人的帮助，比得自世界上任何其他人都多，”艾迪·康塔说，“当我年轻的时候，她是我的益友，使我走上正途。我们结婚以后，她节省下每一元钱，并拿去投资再投资，她为我建立起一大笔资产。我从前有五个可爱的子女，她经常为我把家里收拾得舒舒服服。如果我能够有所成就，一切应归功于她。”

在好莱坞，婚姻就是冒险，即使伦敦的鲁易保险公司也不敢保险，但是华纳·白斯特的婚姻，却是少数几个特别幸福婚姻中的一个。白斯特太太没出嫁时的名字是魏妮菲·布瑞荪，她放弃了如日中天的舞台事业而结婚了，但是她从来不以她的牺牲来破坏他们的幸福。“她失去了在舞台上受大众喝彩的机会，”华纳·白斯特说，“但我却尽一切努力，要使她知道我对她的喝彩。如果女人要从她丈夫那里得到快乐，那一定是得自他的赞赏和忠实的热爱。如果赞赏和忠实的热爱出自他的真心，他就会得到幸福快乐。”

因此，如果你要维持家庭生活的幸福快乐，最重要的原则之一是：衷心地对对方感兴趣，衷心地表示赞赏。

赞赏妻子，很重要的内容是赞赏她在生养孩子上所做出的贡献。自古以来，人们都认为生育是妻子的专利，男人只需坐享其成就可。这种观念会带来两项误解。第一，女性必须具备与生俱来的天分，能不经学习就熟知分娩与育婴之事。早先的大家庭时代，长女通常可借照料弟妹来猎取经验，但今天除了“准妈妈教室”提供一些参考外，她们根本没有实际的经验。第二，丈夫与父亲的角色不易合一，在观念里他们虽是父亲，但实际上产后所有的亲子感情都落在母亲身上，父亲只能袖手旁观，无法建立参与的感觉。

正确的产后夫妻关系，必须建立在双方对新角色所能接受的程度上。在新角色里，夫妻的生活与以往不一样，彼此的关系也比以往更为疏离，男女分工的责任更为平均。但现代的女性往往要兼顾事业与小孩，很少人能够两样都做得很好。心理学家安·戴利女士在其《母亲的权利与影响》一书中指出：虽然女性不一定只能把一种角色做好，但如果两种都能做好的话，她应可算是女超人了。

到了第二胎出世以后，“婚姻生活”将彻底地转变成“家庭生活”了，女性也将产生被社会遗忘的感觉。她们为了孩子所付出的全部心力，可能会造成某种自我牺牲。因此，丈夫的鼓励是很重要的，如果他能说“我知道你已经被孩子的事拖累了，你已不再感觉像个独立的人了；但是，你的工作是伟大的，我对你的爱始终不渝”。这样的话，会让妻子感动不已，觉得再辛苦也值得，但又有多少男人能有如此的细心呢？

即便度过了最繁忙的生育期，在很长的一段时间内，女性仍面临着这样的问题：工作负担过度、精神压力大，夫妻间的冲突、因年龄渐长生出的嫉妒、孩子的利益与自身的利益间的调整，以及小孩成长所带来的教育问题，等等。虽然又回到了外界工作，但绝大多数女性都不可能不顾家。

至于男性呢？他们从小孩身上得到满足吗？他们也有被依赖的感觉吗？今天的社会对此提供的答案很少。

现代女性可以集职业妇女、妻子与母亲三种角色于一身，但父亲的贡献何在？他们难道是多余的吗？至少这个社会并没有把他们的重要性清楚地勾勒出来。然则，我们可以确定，今天妇女仍把生育小孩视为女性的天职，她们把家庭当成长期的精神投资场所，其所带来的满足与鼓舞，足以弥补其付出的辛劳。

很多人过分强调以下事实：婚姻关系不稳定，加上现代女性多半不愿放弃自己的事业、理想，很多女性不愿多生甚至压根就不愿意生小孩，使得近年不少国家的出生率保持下降趋势，甚至低于死亡率。应该说，即便如此，对多数女性而言，营造美满温馨的家庭仍是她们奋力追求的目标。做丈夫的不要一味地去指责妻子，而要从现在开始，勇敢地担负起家庭的责任来，同你的妻子一道，共同营造一个温馨和谐的家庭。只要丈夫做了自己应该做的，妻子会很容易表现良好的。这一点，男人们大可放心。

因此，每一个想成为未来领导者的人，把更多的智慧花在构建美满家庭上吧！

一辈子都与爱人同行

与爱人交往，首要的是学会不干涉对方快乐的特殊方法，而是尽自己最大可能地与爱人同行，帮助爱人获得成功。把你的兴趣放在爱人的兴趣上，和对方共享胜利的喜悦，而当困难和麻烦来临的时候，就陪同爱人一起面对，帮助爱人成功，给对方幸福，而后分享这种幸福，是一个家庭成员最有价值、也最有意义的“终身职业”。

如果你有自己的工作或职业，但放弃它可以带给你爱人许多好处，你愿意放弃这个工作或职业吗？如果你不愿意，这堂课你就听对了。你一定只想使自己有成就，而不是要帮助爱人的成就。

帮助爱人获得成功，这本身就是一个需要专业精神的工作。除非你相信帮助爱人是一件非常重要，必须付出你所有注意力的事，否则你就没有办法帮助你爱人了。

曾担任过英国首相的狄斯瑞斯认为，自己一生中或许会犯许多错误，却绝不会因为爱情而结婚，这个错误他是不会犯的。他的确是这样做的。他

35 岁以前一直过着单身的生活，直到那一年他遇到了一位有钱的头发花白的且比他大 15 岁的寡妇。于是他向她求婚了。她也知道他找她是为了她的钱，所以她告诉他，她要观察他一年再说。一年后他们真的结婚了。这故事听起来让人觉得太功利，太不浪漫了。事后发生的一切却让人大吃一惊。

他们的婚姻非常成功。他这位富婆妻子，既不年轻，也不美貌，更不聪明。她说话时常常发生文字和历史的错误。她对服装的兴趣古怪，对房间装饰的兴趣奇异，但重要的一点她却做得非常好，那就是她懂得怎样驾驭男人。她从不和丈夫对抗，当狄斯瑞斯在外面和别的夫人们唇枪舌战地谈得疲力尽回家以后，妻子能让他在轻松愉快的闲谈中放松下来。渐渐地，他变得越来越恋家了。因为在家里，有妻子的宠爱和温暖。家成为他获得心神安宁、并沐浴于妻子敬爱的温暖的地方。她是他的伴侣、亲信和顾问，她是他最信任的人，是可以放心地征求意见的人。因此，他每天晚上结束了下议院的工作后，都会急急忙忙地赶回家，告诉她每日的新闻，而最重要的是妻子总是充满信心地鼓励他。

30 多年间，妻子把全部的身心都放在了狄斯瑞斯身上，她尊重自己的财产，因为那会使狄斯瑞斯生活得更加安逸。她心甘情愿，认为这一切都是值得的。同时她也得到了，他把她看做是自己的主宰，他请求维多利亚女王封妻子为贵族。所以在 1868 年，她被封为毕根菲尔特女爵。

尽管妻子有时在公共场合表现得不好，但他从不批评她。当有人嘲笑她时，他就会立刻起来猛烈忠诚地护卫她。妻子不是完美的，但 30 年来，她从未厌倦谈论自己的丈夫，并 30 年如一日地鼓励和呵护他，这让狄斯瑞斯感到妻子是他一生最重要的人。

妻子有很多缺点，可狄斯瑞斯总是非常聪明地不去惹她生气。所以，他们的婚姻才会如此幸福长久。

正像亨利·詹姆斯所说的：“与人交往，如果对方没有严重影响自己的话，就不要阻碍他的快乐。”

梵斯特·乌德在《在家庭中一起成长》一书里也说：“要想有一个美满的婚姻，除了对方要合适外，自己也要让对方觉得合适。”

美丽、碧眼金发的彩泰·威尔斯，是著名的探险家卡维士·威尔斯的太太，当她认识未来的丈夫的时候，自己已经拥有非常着迷的职业。

彩泰是个成功的广播讲演经纪人，在业务上与许多名人的接触使她得到了乐趣。卡维士·威尔斯也是因业务关系和她认识的，卡维士爱上她并且和她结婚——依照彩泰的条件，她可以继续从事使她着迷的工作，而且可以自由独立。

婚礼在三月举行。六月，卡维士·威尔斯要动身前往苏俄和土耳其，去爬阿拉拉特山。彩泰本来希望留在家里工作，但是等到时间接近的时候，她竟然没有办法使自己独自留下来。“只这一次和你去就好。”她说。于是他们就出发去探险了，那是一个艰难和挫折的梦魇——虽然这次历险使卡维士写出了那本畅销书《卡普特》。

当彩泰回到自己的工作岗位以后，发觉这些工作和这次的探险经验比起来，真是太没有味道，她曾经和卡维士共享过出生入死的经历啊。于是在一年半以后，她又和卡维士一同前往墨西哥，去爬帕帕卡提白特尔山。这又是一次严苛的体能考验。

彩泰大部分的时间都在寒冷、饥饿、疲惫和极度的惊吓之中度过。但是她同时也感到非常兴奋。

耶座山峰上冰凉的冷风，吹走了彩泰坚持要独立的最后一丝念头。她了解到，身为卡维士·威尔斯的妻子，是比在自己的工作上，所可能得到的任何程度的成功，都要更有价值。当他们从墨西哥回来以后，彩泰就关闭了自己的办公室。她现在有时间跟着她的丈夫到地球最远的一端了——而这也正是她所做到的事。马来半岛的丛林、非洲、日本、冰岛、喀什米尔山谷一游历各地的威尔斯夫妇，他们的生活就像是一部特异彩色的游记。

彩泰·威尔斯说：“那时候我认为，拥有自己的事业是很重要的，我很奇怪自己那时候怎么会那么孩子气。和我与卡维士共享的这些丰富经历比起来，我自己的生活是多么的无味和狭小啊。我把我的兴趣和他的合并起来，和他共享胜利和成功，而当失望和麻烦来临的时候，我们就一起面对它们。

“我想，我所曾经接受的最大的嘉勉，就是卡维士在他那本《卡普特》书上所写给我的题献辞：‘献给我最好的朋友——我的妻子，彩泰。’从没有人给我的赞赏像我的丈夫给我的爱之献语这样，使我感到这么大的成功和满足。”

彩泰·威尔斯是在很戏剧化的情况之下改变心意的，但是，许多女人发觉，增进她们所爱的丈夫的幸福与最大的利益，是使得任何一个妇女感到最有价值的职业生涯了，彩泰就是一个典型的例子。

我并没有忽略许多由于环境的驱使，而离开家到外头工作的妻子们和母亲们。我要以最深的尊敬，向她们致意。我相信妇女们应该有能力，以她们自己的努力来赚钱维持自己，可能会在什么时候变成负担家计的人，要负责家庭的食物、房租以及衣物。生病、死亡、失业和灾祸可能捣毁原先最好的计划。

抱怨是婚姻的慢性毒药

人们为什么会有这么多的抱怨呢？其实抱怨者的内心缺乏爱心和包容，在生活的环境中心里产生了极度的不平衡。抱怨就是对极度不平衡的一种自私的发泄，毫不理会对方的感受，就将自己心中因此而产生的怨气，毫无修养地泼给对方。抱怨的人往往都是不自爱和不自信的人，他们只是想从抱怨中获取得一丝安慰。

抱怨看似不起眼，它只是说几句不经意的话，但无休止的抱怨，给对方的自尊心带来了极大的打击，甚至能摧毁一个人的自信心。时间久了，说的多了，说者会养成一种不经意的习惯，说者虽然无意，却给对方带来无尽的烦恼，甚至会成为一种杀人不见血的毒药。也许有人会说这是危言耸听，其实抱怨给婚姻带来的危害远远大于奢侈、浪费、懒惰等行为。

俄国大文豪托尔斯泰就深受其害，当他的夫人明白这个道理的时候，已经太迟了。她临死前还在忏悔，因为她知道，是她永无休止的批评、喋喋不休的抱怨害死了她的丈夫，她也因此后悔不已。

托尔斯泰是史上最著名的小说家之一，他的两部名著《战争与和平》及《安娜·卡列尼娜》在文学界闪烁着永久的光辉。按理说能嫁给托尔斯泰，应该非常幸福才是啊，当时托尔斯泰的名誉无人能及，他被人爱戴，仰慕他的人排满了整条街道。除了名誉，他们还拥有财产、地位、子女，似乎没有人能像他们那样完美地生活了。但托尔斯泰的夫人过于奢华，渴望显赫、还想拥有更多的金钱和财产，而托尔斯泰却对此不屑一顾，甚至认为他们所有的金钱和地位都是罪恶。由于婚姻存在这样的矛盾，她每日抱怨、无理取闹、甚至以死要挟……他们原本的幸福美满被她折磨的遍体鳞伤。48 年后，他连看她一眼都不能忍受。

他们经常会为是否收取稿费问题发生争执，她像疯子一样哭闹、咒骂，歇斯底里地在地板上打滚，有一次拿一瓶鸦片烟膏，以自杀威胁，还有一次发誓说不活了，要跳井。

在托尔斯泰 82 岁的时候，再也忍受不了妻子给他带来的痛苦折磨，一天晚上，托尔斯泰偷偷地离开了他的妻子，逃离了让他心力交瘁的家，他的家人四处寻找，但不知去向。

托尔斯泰由于寒冷而得了肺炎。他临死前，也不愿见他的妻子。

托尔斯泰及其夫人婚姻的悲剧，就是由于永无休止的唠叨和歇斯底里的抱怨造成的结果。也许人们认为，某些时候她的抱怨并不能算过分。是的，就算那是应当的，但却不得要领。这样究竟对她有什么好处呢？只会把事情弄得更糟糕。

也有人说，我的抱怨是善良的，我是想用抱怨这一激将法来迫使他奋斗，进而走向成功。在我们的生活中就有这样一些人把抱怨当成变相鼓励的一种手段，但你有没有想过，有谁会喜欢这种手段呢?

这种手段也许有用，对方在这种手段下可能会被迫成功，但在这种手段下生活的人们又有什么幸福可言呢，你不妨扪心自问，你到底想要的是什么，是对方的成功，从而满足你的物欲和虚荣；还是幸福快乐的婚姻。很多人所做的往往违背了自己内心深处的意愿。

两个著名的研究机构盖洛普民意测验和詹森性情分析结果都是：任何一种个性都不会像唠叨、抱怨一样给家庭生活带来如此巨大的伤害。另外，多项都研究表明，在丈夫眼中，妻子最大的缺点是唠叨、抱怨。

病痛可以用药物治疗，而抱怨这种顽疾，医生和药物对它是不起作用的，想治好它，只能靠我们自己，要知道任何人都不可能尽善尽美，自己的丈夫或妻子也不例外。每天看着对方的缺点过日子，只会伤了对方，也痛了自己。我们要学会寻找对方的优点，并及时给予赞赏。千万不要妄想控制和改造对方，这样你们的爱会因此而被磨灭。

停止你那伤人的抱怨吧！让你们的婚姻永葆青春，你们的爱情才会永无止尽。

对家庭满意的人才幸福

在整个社会中，家庭是社会的细胞，是社会稳定的基石。对于个人而言。家也许只是一桌美味的佳肴，一个轻声的问候，一个暖暖的拥抱……不管加班到多晚，不管走多远，我们的心都向着回家的路。因为一个温馨的家是心灵的港湾，是人生驿站，是人生事业的原动力。

家多好啊，但有的人却不再想回家，家里已没有了爱，感觉不到温暖，看不到希望，只有责任。这样的家也就形同虚设。有人说，家是一本难念的经，要念好这本经确实需要技巧。

有一个成功的商人，家庭非常幸福美满，他的家里每天都充满了欢声笑语。朋友问他秘诀在那里，他却说秘诀就是离他家不远的一棵梧桐树。原来刚开始，他不想每天带着疲惫的身躯和满脸的愁容回家，就在那棵梧桐树下休息，他远远地看到自己家里明亮的灯光，依稀看到妻子在准备着晚餐，孩子们则绕着妻子追逐打闹。他看着常常会言不由衷地笑起来，可是工作上的烦恼他又能对谁说呢，于是他就把所有的烦恼对着大树说了一通，感觉心情舒畅多了。从那以后，他每天下班对着大树倾诉自己的烦恼，卸掉烦恼后开开心心地回家。

卸掉烦恼，带着快乐与欢笑回家，家里自然充满笑声。试想一下，如果你带着烦恼，满脸愁容的回到家里，家里的人会开心吗？他们会被你不良的情绪所感染，他们怎会快乐起来呢。

“家”是一个硬件，“人”才是组成并发挥功用的软件。家庭中的每个人都有责任，让共同的家和睦，那么请卸掉烦恼，脱去包袱，带着快乐回家。

家庭生活是一门非常复杂的学问，处理好了我们会从中得到幸福和快乐，处理不好，我们的生活会被弄得一团糟。不管你是谁，在处理工作与生活的两个角色间互换，一定要做到游刃有余。在工作中你可以指点江山，但回到家里就必须平凡随和，对家庭中的每个人都要表露出一份体贴。

美国著名作家海明威出生在美国伊利诺伊州芝加哥郊外橡树园镇一个医生的家庭，他的作品影响了整个世界，曾获得过诺贝尔文学奖。他由那篇塑造了铮铮硬汉形象的小说《老人与海》家喻户晓。在海明威的一生获得了很多荣誉：著名作家、战斗英雄，他的硬汉形象影响了几代人……但他的爱情和婚姻却并不美满。

海明威一生经历过四次婚姻，尽管婚姻出现问题的原因是复杂多样的，但最主要的原因恐怕还是海明威那骄傲、强硬、一向习惯女人服从他的硬汉的性格所造成的，他没能正确处理好爱情与事业的关系。

海明威有一个妻子叫哈德丽，有一次，海明威去外地办事，哈德丽有空打算去接他。哈德丽想：海明威若有时间，肯定想继续写他未写完的小说。于是，她就带上海明威所有小说的手稿，并把它们都装在了一个手提箱里。不幸的是，这个箱子却在火车上被人偷走了。

因为这个丢失的手提箱，哈德丽都快急疯了。她一见到海明威，就哭了起来，并泣不成声地连声说着："对不起！"海明威并没有安慰他的妻子，他因为不得不重新开始他的计划而恼火，一直想成为一个伟大的作家，对于哈德丽一次过失而阻碍了他的发展，即使是他信赖的妻子，他也无法原谅，不久，他们两人就离了婚。

海明威的另一任妻子玻琳。她为海明威生下两个孩子，在孩子出生时都遭遇难产，而海明威不但不关心并陪护他的妻子，却因为厌烦孩子的哭闹，而两次都把哭叫的婴儿和虚弱的玻琳一起丢在家里，自己去打猎，去钓鱼。

海明威被家庭和孩子搅得心烦意乱，不久，他在一次宴会上迷恋上了另一个年轻、漂亮的女人，就这样，海明威又结束了他的一次婚姻。

海明威的霸道、征服别人的欲望以及自私，注定了他不会有美满的婚姻。

在我们的家庭生活中，要多一点理解，多一点包容，多一份爱心，给对方留一些自由的空间，学会彼此沟通。做一个爱家的人，用心去营造一个美满的家，家才会给我们带来温暖，家才会成为永远温柔的港湾。

"婚姻"像一双鞋

有人说，婚姻就像鞋子，穿着舒不舒服，合不合脚，只有自己穿了才知道。这双鞋子穿还是不穿都由你自己决定，因为脚是你的。如果你实在无法忍受鞋子对你的束缚，那你就做赤脚大仙。

生活本来就有许多变幻莫测的因素，它更富于戏剧性，在动荡的社会中，感情的变换莫测使得不少人对感情缺少了信任与追求的勇气。有人说，对于女人，拥有婚姻就拥有了一张持久的饭票；对于男人，拥有婚姻就拥有了安身立命的场所。在这个错综复杂的现实生活中，婚姻变得那么脆弱而又不堪一击。

因为人的性格不同，婚姻对于生活的意义也有所不同。有些人在疯狂地追求婚姻，并对婚姻有着极强的婚姻适应力，即便在婚姻的路上走得多么艰难，都乐此不疲；有一些人并不热衷于婚姻，不会委曲求全而将自己的未来与一段不确定的婚姻捆绑在一起；还有一些人则对婚姻没有太多苛刻的要求，更多的是迫于父母、社会、年龄的种种压力，婚姻对于她们来说就如同鸡肋而已。

婚姻中的双方是平等的，不能有高低贵贱的档次之分。婚姻是圣洁的，不要带有任何目的，耍任何手段。有一些女人，她们工作上能力很强，有着好的学历背景，她们大部分是各行各业的精英，在职场上呼风唤雨，即使在男人的世界里她们也能叱咤风云，处理的游刃有余。可是一旦涉足婚姻与爱情却并不那么顺利，有人爱上了不该爱的人，结果弄得自己遍体鳞伤；而爱她们的人呢？却往往又存有这样或那样的目的，让她们有了被骗被利用的感觉，又多了一些气愤；有人不敢涉足婚姻，执着地为没有勇气表白的爱情坚守着一个不变的期待。

凯丽女士是一家房地产公司的高级策划总监，生活富足，并也有了不少积蓄。33 岁的她仍孤身一人，每晚在城市的某个角落流浪。她也曾有过一段刻骨铭心的恋爱，然而她并没有不结婚的打算，也不是单身、厌婚一族，更不是生理上存在着什么不可逾越的障碍，而是没有遇到自己的缘分。一次，朋友给她介绍了一个很优秀的男人，相处不久，她就发现男人看中的仅仅是她能带给自己生意上的便利。相继又有人介绍一位男人给她，无独有偶，这个男人也是抱着目的而来，男人经济困窘，而她的富裕正好弥补了男人的需求。见面、分手，周而复始的恶性循环，使她发现，想找到一个真正与自己贫贱与共的男人并不容易，因为自己根本就不能保证一辈子都会有如此的风光与辉煌，如果有一天，自己从名利的峰巅掉下来时，这个男人对自己如何，真是另当别论了。而她的女朋友也遇到过类似的经历，男人不仅没有了宠爱，而且还不时恶语相加，最后婚姻就过得像地狱一样，那何苦呢？正是由于对男人彻底失望，才会对自己的婚姻不抱有幻想，她认为除了自己谁也靠不住，还是花自己的钱觉得踏实。其实，自己开心是最重要的！

婚姻就像是你手捧的沙子，并不是你想握就能握得住的，也不是你随遇而安就能长久的，主要看你怎样去经营。

单身还是结婚都是一种生活选择，没有对错。单身的你，下班回家，听听音乐泡个热水澡或看看书、上上网，生活少了男人的纠缠，显得格外的洒脱自在。但是单身时间久了，自己的身心健康也会有一定的伤害，缺少了性生活会加速人衰老，没有生育也会增加乳腺癌的发病几率，偶尔也会感到孤独寂寞，生病时身边也没有个人照顾，这些也是许多人不愿选择单身的原因。

不管是爱情还是婚姻，都需要两个人的相互理解，只有这样婚姻中的两个人在相互依赖的基础上，还能保持着独立与解放。婚姻不仅是一般意义的男欢女爱，它是人类至纯至真的美好情感的最终体现，爱情的意义应该是一种人生境界，只有心灵的纯净才能产生无尘无邪的爱情与婚姻。

鞋子与脚合不合适，只有穿的人知道，不管是什么样的鞋子，只要穿着舒服就好。婚姻如同穿鞋，鞋子需要爱护，婚姻需要用心呵护。一双鞋子穿久了，磨合好了，就多了一些舒服的感觉，也多了依恋、自在和默契。所以，婚姻的幸福与不幸福是不能用我们的常规理论来判断和思考的，它是不能够掌控的。只有让脚和鞋慢慢体会，相互感受。婚姻中如果能心平气和地去感受对方的爱，你才会发觉两个人生活的幸福所在。